# 覺悟的挑戰

知曉真理，能讓自己走上充滿光明的幸福大道。

大川隆法
*Ryuho Okawa*

# 《覺悟的挑戰》上卷

## 第三章 苦、集、滅、道



## 第四章 何謂無我

## 《覺悟的挑戰》下卷



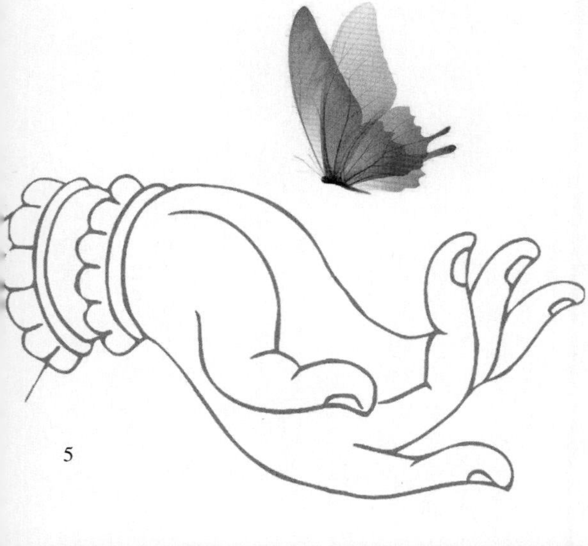

## 第六章 佛性與成佛



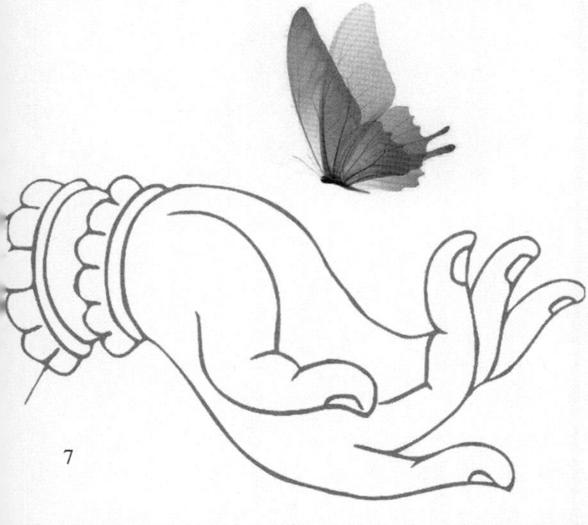

# 覺悟的挑戰・上卷

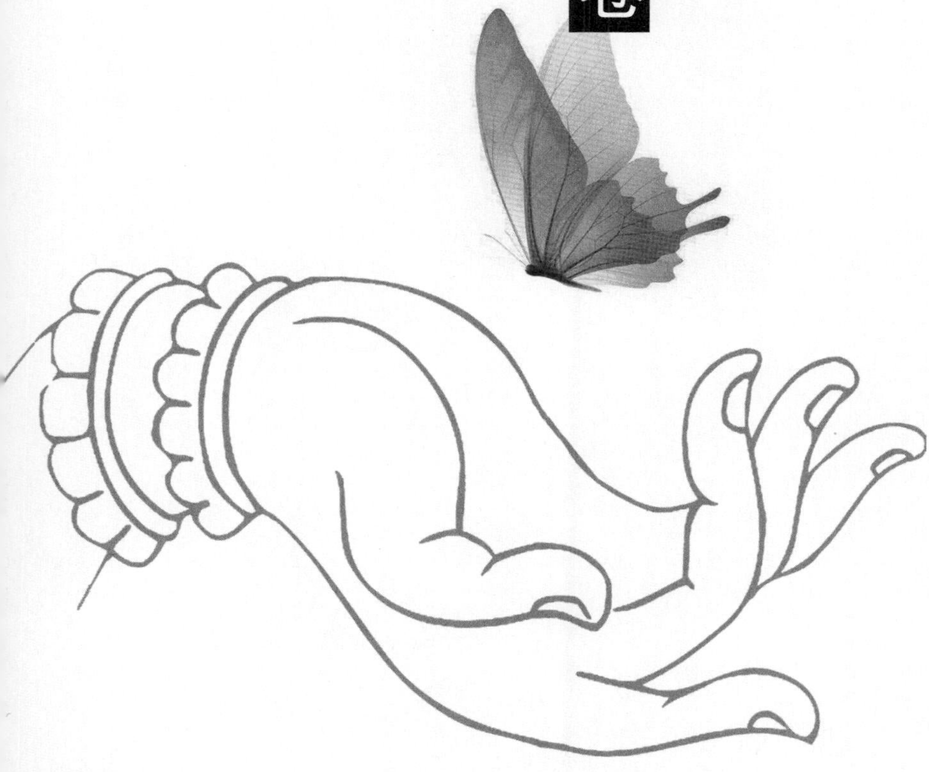

# 前言

幸福科學的根本經典是《佛說・正心法語》，它的基本教義是「探究正心」以及具體開展的「幸福的原理」，即「愛的原理」、「知的原理」、「反省的原理」和「發展的原理」之四原理，這亦是現代的四正道。這個教義的中心可歸結為三點──「愛」、「覺悟」和「烏托邦的建設」。

我所講述的「愛」，是指「施愛」，其根據在於佛教的「慈悲」和「佈施」的精神。「覺悟」是佛性的顯現，與實在世界的多次元結構是相對應的。「烏托邦的建設」則是作為佛陀所構想的理想之鄉，僧伽、學習佛法的人們建設和平社會的理想。

然而，正如《太陽之法》（台灣華滋出版）中所闡釋的一樣，「愛」和「覺悟」是透過「愛的發展階段論」相連接的。並且，融合了東西方文明，即是為了建設整個地球的理想之鄉──新文明的精神支柱。就像這樣，「愛」、「覺悟」和「烏托邦的建設」合為一體後，佛的理想就將得以實現。

本書《覺悟的挑戰》則是以上述觀點中「覺悟」的相關內容進行論述。對於距今二千五百年多年前，佛陀釋尊在印度覺悟及其說法的內容，本書將從現代的幸福科學所掌握的真理學觀點，重新映照佛法真理之光，並試圖闡明其真相。

在這個過程中，佛教學的謬誤，以及佛教中各教派的教義錯誤之處，都將會變得明瞭。

本書絕非是「通往」覺悟的挑戰；如今，「覺悟」之中存在何種可能性？「覺悟」之中是否有著真正解決世人的苦惱、開拓未來社會的力量？佛陀的覺悟，能否在現代復甦，成為照射未來的力量？佛陀的法，能否稱得上「永恆的法」？在這層意義上來說，本書正是「覺悟的挑戰」，是「大川隆法的挑戰」，亦是「幸福科學的挑戰」。

幸福科學集團創始人兼總裁　大川隆法

# 第一章

# 何謂佛教的精神

# 1・初轉法輪

在幸福科學當中，十一月二十三日是初轉法輪紀念日。一九八六年的那一天，我在東京的西日暮里，進行了第一次演講。那是一個僅有四十張塌塌米左右大小，環境不算優雅的地方，聽眾有八十七人。當時，幸福科學的會員人數僅有一百多位，其中的近九十人從全國各地聚集而來了。

以此為開端，我們開展了許多的活動。正如法輪轉動一般，我感覺到幸福科學的教義每年都在不斷地傳佈開來。

正如字面意義，「初轉法輪」就是「初次轉動法輪」的意思。

在佛教的繪畫或壁畫中，常能看到後世的弟子們在描繪釋迦的姿態時，唯恐不敬，故都不直接畫出釋迦的樣子，而是以描繪車輪在樹下轉動來替代。換言之，這是透過繪畫的形式，表達了「佛陀的本質，並非是擁有肉身之人，而是指教義本身；講述教義即是佛陀的本質」的道理。因此，人們常用車輪來象徵佛法的轉動。

以前，在初期出版的靈言集當中，我曾從某位支援靈人聽到這樣的話語。當時我雖已悟得此法，卻不知該如何弘法，那位支援靈人對我如此說道：「就像是轉動齒輪一樣，即便最初的齒輪很小也沒關係。當它轉動時，與其咬合的下一個齒輪勢必將變得更大。漸漸開始轉動後，它就會變成一股巨大的潮流。」

回顧過去，我真的感到正如那位靈人所言，在各個時期，對自己能力的擔憂純屬多餘，在傳遞佛法時，規模的確會越變越大。

## 2．苦樂中道

距今兩千五百多年前，釋迦也有過類似的經歷。佛陀在二十九歲時離開迦毗羅衛城，將近六年的歲月裡，進行了各種各樣的修行。雖說是佛陀，但那時還尚未開悟，所以確切來說，應該是喬達摩．悉達多的修行。當時印度流行的各種苦行修練，他幾乎都體驗過。

釋迦體驗了當時所有的苦行，比如說僅憑一顆栗子過日子，或把自己埋進土裡，僅露出腦袋呼吸，或在岩石上打坐禪定等等。

他曾一度餓得只剩下皮包骨；有一天，他打算在尼連禪河中沐浴時，因為體重太輕，而被河水沖走了好幾公尺遠。那時，他開始思索：「我這樣做到底對不對？」

因為身體輕如流木會被沖走，所以連在河中站立都辦不到。歷經苦行、折磨自我的結果，竟是讓自己的身體孱弱到如此地步。

喬達摩覺得：「這麼下去就只有死路一條，我這樣做真的沒錯嗎？」

就在肉體生命垂危之際，正巧有一位名為善生的村女出現，給了喬達摩一碗乳粥。這段故事後來變成了神話傳說，衍生了各種版本。有的說那不是普通的牛奶，而是經過多次精煉的優質牛奶，也有的說那是參雜了穀物的粥，眾說紛紜，但其實就是牛奶粥。虛弱不堪的喬達摩，喝下了那碗粥以後，立刻變得光明，能量充滿全身。

當時，喬達摩感到：「迄今為止，我一直將折磨自己的身體當作是修行，是通往覺悟的道路。但如果折磨肉體就是今生真正的使命或目的的話，那麼轉生於世間不就是個錯誤嗎？如果生而為人，只有否定肉體生活才是修行的話，那麼轉生不就沒有意義了嗎？這真的是通往覺悟的道路嗎？印度的修行者們都在實踐苦行，他們拼命地苦行，有的在火中走路，有的單腳獨立，有的日以繼夜地苦修。但持續這種荒誕的行為，是真正的修行嗎？這樣做沒錯嗎？」

因此，他決定了「一邊調養身體，一邊探求什麼才是做為人的真正覺悟」。他托缽接受供養，同時也進行瞑想修行，漸漸到達了開悟的境界。

當時，曾有五位修行者與喬達摩一起修行。他們同是郁羅迦・羅摩子（Udraka

Ramaputra）仙人的弟子，但看到喬達摩入門之後不久，就達到了與師父旗鼓相當的悟境，感到非常驚異。隨後就離開了師門，與喬達摩一起進行苦行的修行。

在這些人當中，喬達摩屬「苦行第一」，實踐過最大的苦行，因而備受大家贊許「果然很了不起！」

但從他接受了村女的乳粥以後，這些人就開始議論：「這是怎麼回事？他怎麼變得懶惰了？每天光是坐在菩提樹下禪定而已。他變懶惰了！他已墮落了！」於是，大家紛紛離開了喬達摩。爾後，喬達摩獨自開悟了。

因此，釋迦最初的覺悟就是發現了：「在修行的方法論當中，『苦樂中道』是很重要的。換言之，否定徹底的苦行，以及否定在迦毗羅衛城的優雅生活般的快樂，否定這兩個極端，才能走上探究真理之道。」如此中道的發現，就是釋迦最初的覺悟。

那麼，後來在樹下禪定的悟道過程中，喬達摩到底悟到了什麼呢？

當時的主流思想認為，開悟就是透過「超人」般的超人類修行獲得超能力。但即便如此，喬達摩認為：「事實並非是如此。真正的覺悟，應該是人做為人，在正常生活中獲得智慧。但這種智慧究竟是什麼呢？」

關於如此覺悟，以下將加以闡述。

## 3．從梵天勸請到初轉法輪

喬達摩在菩提樹下開悟了。而且，很長一段時間他都獨自沉浸在「自受法樂」，也就是沉浸於悟法的喜悅、開悟的喜悅之中，那是一種近乎恍惚感的喜悅。他真的非常高興，心想：「我終於獲得了覺悟！這份喜悅是無與倫比的！」並在樹下一動不動地待了二十一天，始終沉浸在那份喜悅當中。（也有一說是三十五天）

喬達摩是這麼思考的：「就算我將自己悟到的法講述給一般人聽，他們也未必能理解，所以還不如將它原封保存。我自己本身的覺悟，是完全的『無師獨悟』，即完全沒有師父引導，獨自一人獲得的覺悟。我悟得的內容如此高深，即便跟一般人講了，他們也無法理解。倒不如歸為我一人所有，在這種喜悅之中而結束一生也不錯。」

就在此時，有一位名為梵天的印度神，即現在所說的支援靈、高級諸靈出現了，講了以下的話語：

「佛陀啊！你似乎將自己的覺悟占為己有，並享受著這份喜悅，但這是不可以的！你開悟到底是為了什麼呢？是為了自己一個人的喜悅嗎？不該是這樣的。雖然講述教義很難，但是為了拯救更多的人們，你必須要講述法才行。不管受到怎麼樣的誤解或嘲笑，你都必須堅持下去。」

這就是「梵天勸請」，即梵天向釋迦勸言、請願。他說道：「請去說法吧！為了眾生，請講述你所悟到的法吧！」

然而，那時釋迦回答：「話雖如此，但我悟到的法對於普通人而言，太難理解了，而且我本身也很難捨棄，如此自受法樂之中的幸福，我不想離開這棵樹下。」

但是梵天一直強烈地懇求釋迦「請務必去說法」，於是釋迦終於妥協說：「好吧！那我就去說法吧！」

不過，釋迦還是不明白「我已經獨自覺悟了，但到底要向誰去說法呢？有誰能夠明白我悟得的內容呢？」那時，梵天提議：「以前曾有五個和你一起修行的夥伴，現在他們在鹿野苑。你可以去那裡，首先向他們進行最初的說法。」

於是，釋迦動身前往了鹿野苑。以前共同修行的五個夥伴，看到喬達摩從遠處走過來，紛紛說：「那不是那個墮落的人嗎？」

當時，人們對於修行的看法是，一旦退轉了，就失格了。他被視為完全的「墮落者」，所以大家都在說他的惡口：「看啊！那個墮落的喬達摩過來了！氣色這麼好，肯定是接受了佈施，吃得那麼胖！」並且，這五人還商量好了「他過來後，我們誰也別理他」。

然而，當喬達摩漸漸走近時，令人感覺到一種神的威嚴。喬達摩的身上在發光，且光芒耀眼。他們感到一陣眩目，並被那種神的威嚴打動了。「這是怎麼了？為何會感到這般耀眼？」

為此，剛才約定好不要理會喬達摩的五個人，還是忍不住開了口。他們對喬達摩說道：「朋友啊！你這是怎麼啦？」當時，修行者之間常以「朋友」相稱。然而，喬達摩聽後，以充滿威嚴的話語回道：「勿再稱我為『朋友』！我已開悟了！如今已變成如來了，你們不可稱如來為『朋友』！」

五名修行者驚訝萬分：「怎麼回事？這個人和過去判若兩人，完全變成另外一個人了！給人一種魄力，且充滿神一般的威嚴！」但他們沒有爭辯，只是內心有些好奇：「他到底悟到了什麼呢？到底發生了什麼事？他的樣子似乎和從前大不相同了！」

然而，對於在修行中墮落的人，為何會達到這種境界，他們無法理解。躊躇良久之後，這五個人終於說道：「好吧！請你把你悟到的教義告訴我們。」

於是，釋迦將自己在菩提樹下悟到的道理，利用各種方法傳授給了這五個人。憍陳如第一個理解了，他雀躍高呼：「我明白了！我覺悟了！」釋迦朗聲說道：「憍陳如覺悟了！」於是憍陳如成為了第一個阿羅漢。

在當時，只要理解了釋迦的教義就可成為阿羅漢，所以很簡單。但後來就越來越難了。緊接著，阿說示（或稱阿濕婆、阿濕波誓、阿奢逾時、阿說侍多阿鞞、頞陛、頞鞞，意譯馬勝、馬星、馬師，敬稱「尊者正願」。）和其他弟子也逐漸理解了佛法。

在釋迦的時代，修行者幾乎都是以磨練肉體為主，所以他們很難理解可以透過學習佛法、教義獲得覺悟。因此，釋迦耗費了很長時間，才讓他們得以理解。

儘管經過了兩千數百多年，但現在還存在這種狀況。在日本有許多宗教團體，信眾們仍在實踐苦行，比如徒步於深山、攀登懸崖、在瀑布中坐禪等等。因此，宗教的修行方面並沒怎麼進步。偶爾會出現一位開悟之人、講述佛法，但大多數宗教者還是反覆做著同樣的苦行，認為「透過超人的修行就能獲得覺悟」。

釋迦在鹿野苑對五位夥伴進行的初次說法，被稱為「初轉法輪」，也就是「最初的法輪轉動了」。從那時起，釋迦和五位友人共同修行，並互相確認各自的覺悟。不久，他們便決定向在家之人傳道。

第一個接受傳道的在家人，名為耶舍，他是一個削瘦白皙的美男子。聽完說法後，很快的他便決定出家，他的父母也變成了在家的信徒。在家信徒亦被稱為優婆塞（男信徒）和優婆夷（女信徒），自那時起，釋迦便逐漸開始了傳教活動。這就是最初的情形。

釋迦是在三十五歲過幾個月開悟的，最初是來到鹿野苑傳道。而今世，我是從三十歲開始說法，比釋迦還要早六年覺悟。

## 4．四諦的發現

在初轉法輪當中，釋迦講述了什麼教義呢？他多次被梵天勸請「說法」，卻始終感到難以講述的「覺悟」，到底是什麼呢？讓我來對此進行解釋。

引導了最初的五名阿羅漢時，他到底講述了什麼？又悟到了什麼？

首先，正如我方才所講的一樣，釋迦教導了他們正確的修行態度是中道：「首先，必須謹記中道，要避免兩個極端。將自己餓得皮包骨，瀕臨死亡的修行方法斷不可取；而過度的享樂主義，像普通人一樣的修行也是不行的。」

「適度地嚴格要求自己，同時讓自己的人生過得更加充實。適度地嚴格，但不是過度的痛苦。如果讓自己處於痛苦，那麼來世亦將有同樣的痛苦在等待自己；各位切不可如此。修行必須是為了發展自己的人格，要重視中道，將中道做為修行的中心。」

「就好比是彈琴的時候，琴弦拉得太緊的話就容易斷掉，但太鬆的話又發不出聲音。只有鬆緊適中，才能彈出美好的音色。同樣的，為了長期彈奏修行的美好音色，亦必須調整好這條修行的『弦』，這就是修行的起點；各位必須具備這樣的修行態度。」

這就是釋迦最初的教義。

此外，其教義的具體內容，就是「四諦」；四諦，即是四個真理。換言之，他悟到了四個真理，並將其傳授給了五名修行夥伴。

那麼，這四個真理、四諦到底是指什麼呢？

首先，人生於世間是怎麼回事，對此必須做出定義。釋迦將此定義為「苦」，並首先說道「生存於世間、活於世間、迷惑的生存，此乃苦」。

聽到這裡，各位或許會感到奇怪：「為什麼人生是苦的呢？」但請各位對此認真體會一下。所謂「苦」，是指凡夫俗子，即不知世間人生的目的和使命的人，在世間生活的姿態。人一旦開悟，苦就會消失，就不再有苦，屆時，即出現喜悅的世界。

現在正閱讀本書學習的人，覺悟的境界都比較高，然而，還有許多人完全不知道佛法真理，或者全盤否定靈界的存在，認為死亡就是一切的結束，以為人是由阿米巴蟲進化而來的，甚至認為人就是機械一般的物品。

對於這些人的人生觀和人生態度，以及到了晚年後嚷著「我很害怕死亡」而掙扎的情景，各位覺得如何呢？有人認為「人生僅數十年就結束了，所以在有生之年必須盡情揮灑、隨心所欲」，進而一味追求享樂。所以有人酗酒，亦有人嗜賭，或毀壞家庭等等，胡作非為，過著放蕩不羈的生活。到最後，甚至還有人走上了強盜殺人之路，人生簡直是亂七八糟。

但究其根源，只不過就是因為他們不知道自己應有的人生態度、正確的人生觀、人生的目的和使命而已。對此一無所知的人生，在各位眼中看來也會覺得是一種「苦」吧！的確是很可憐，「苦」真的是非常可憐、不幸的存在。

那麼，他們的結局會如何呢？當然在有生之年也會有許多反作用，但死後回到靈界，靈界有著天國和地獄之分，對於悟到真理的人而言，明白「這樣下去，十年或二、三十年之後，此人一定會下地獄受苦的」，但卻沒有辦法傳達這個事實。這些人聽了也不會相信，即便告訴他們：「你這樣下去是會下地獄的！」他們也完全不信，甚至還有很多人說：「真是無稽之談！從來沒有人從靈界回來過。我也從未見過靈魂，佛神根本是不存在的！絕不可相信那種陳舊的教義！宗教所講的東西，都是為了做生意的幌子，我絕對不會受騙！」

其結果就是，眼睜睜看著他們下地獄，並且是以倒栽蔥的方式墮入地獄。就好比是地獄的鬼怪燒開了油鍋，正等著人掉進去，這些人卻毫不知情地、心情愉悅地往裡跳。他們的「心情愉悅」，從真實的人生來看是非常危險的，就如同乘坐在一列脫軌的高速列車上一般。總之，這種意識不到自己有錯的生活態度，就是苦。

釋迦所講的「苦」，並非是我們平時所感受的苦。從某種意義上說，那是人在世間當中缺乏真實生命的滿足感，而產生的痛苦。若以世間的人生觀思考事情，確實會感覺死亡很可怕，並且衍生各種欲望。比如說希望在有生之年隨心所欲，做過各種事情之後才死去。然而，事實難以如願，他們就陷入了苦苦掙扎的姿態。看到這種姿態，與其說是單純的苦，倒是更像包含了一種不得滿足的不安、不滿，或是一種悲哀。

這個三次元世界、物質的世界，是難以抱持真實人生觀的環境，就算是正常人也很容易犯錯。因此，釋迦才說道：「在發現到正確的真理之前，人生就好比是在苦海，就好像在苦難大海當中游泳一般。這就是人生的真相。」

據說在當時，「苦」主要分為三種。

第一種苦叫做「苦苦」，即苦中之苦、真正的苦、苦本身就是一種苦。酷暑和嚴寒，就是這樣的苦。比如說在嚴冬的暴風雪中，被流放在北海道的原野，這本身就是一種苦，拋去任何道理不談也是苦的，在這樣的冰天雪地中居住生活，就是一種痛苦。再比如說住在熱帶雨林中、在沙漠的烈日底下工作，這也是一種苦。又比如說疾病，沒有人認為疾病是快樂的，人人都以疾病為苦。

就像這樣，當事情本身的性質就是苦，或事情本身就帶有苦的特性時，可稱為「苦苦」、「苦之苦」，這是無可辯駁的苦。

第二種苦叫做「壞苦」；所謂「壞苦」，就是破壞之苦。這是指從某種狀態中脫離出來，或是某種狀態被破壞的狀況。

比如說，原本是一個夫妻恩愛的家庭，卻突然因某事變成導火線，引發夫妻之間的糾葛，最終導致離婚，孩子要歸其中一方撫養。這種事情也是時有發生，原本一個和睦的家庭，卻在某日突然崩潰了。

再比如說，原本工作很順利，卻因為經濟不景氣導致公司破產。至今一直兢兢業業地工作，正想著「終於當上了課長，下一步要為晉升部長而努力」的時候，卻因為經濟形勢的變動等，公司破產了。這是個人的力量所無法左右的，即便想努力，也是無能為力的。就像這樣，原本的狀態有時會崩潰，或被破壞。

除此之外，還有很多這樣的事例。迄今為止各位視為「幸福源泉」的事物，卻常常會在一夜之間化為烏有，這就叫做「壞苦」，即破碎之苦、破壞之苦。

第三種苦被稱為「行苦」；所謂「行苦」，就是不斷變化之苦。萬事萬物都無法停止，一切都在不斷變化的痛苦。

比如說，在櫻花盛開的季節，人們會想「光是看到櫻花，就感到很幸福。真希望能一直看著櫻花，總是看著櫻花生活下去。倘若櫻花能一年四季盛開在庭院那該多好啊！」然而不到一週時間，有時是三天左右，經過風吹或雨打，櫻花就凋零了，這是無法阻止的事。

人也是一樣，誰都想要永保青春，但年齡卻是每年都在增長，不管支付多少錢，也無法阻止這個事實。雖然很心酸，但也無可奈何。有人希望自己永遠是孩子，但總有一天會長大的。長大以後，父母終究是會過世的，剩下自己一人獨闖社會。不做事就沒有飯吃，因而必須要工作到死為止。就像這樣，人在一天天變老。女性也是如此，年輕時很美麗，但隨著年齡增長，就會出現皺紋、變得駝背，那是很痛苦的事。這可稱為「行苦」，即逐漸經歷變化的痛苦。

如上所述，古代的印度人將苦分成了苦苦、壞苦和行苦三大類。

## 5．四苦八苦

對於「苦」，釋迦做了更加精準的分類。他講道：「雖說『人生是苦，世間是苦』，但那是怎樣的苦呢？我想要就此部分進行講述。我發現苦的真理是這樣的內容……」

首先，釋迦講述了「四苦」。四苦，即是「生老病死」的痛苦；生老病死是著名的用語，想必各位都耳熟能詳吧！

出生之苦，是源於自己沒有任何自由。出生以前，本來是一個大人，在靈界當中過著自由自在的生活。但轉生之時，就要寄宿在母體胎內，在黑暗當中靜靜地待著。

我曾經和胎兒進行過幾次對話，透過不可思議的能力，我能夠與胎兒進行對話。胎兒說：「太黑了！我好害怕！好寂寞！我想早點兒出去！」雖然胎兒很想離開母體，但不待足十個月，是無法出來的。因此，只能靜靜待在黑暗中。

此外，如今還有一種古代沒有的痛苦。在現代的日本，每年都有一百多萬個胎兒被墮胎，或被人工流產。但這只是官方公佈的數字，實際上或許還有更多。將近二分之一的胎兒會被打掉，換言之，寄宿母體的胎兒中，每兩個就會有一個在成長過程中被打掉，這是非常嚴峻的問題。因此，即便想要投胎轉世，但一想到「自己可能會被墮胎，不曉得我的父母會怎樣」就會感到害怕。父母的一念之差，就會導致胎兒被打掉，這就是現代社會產生的新痛苦。

就算不是這樣，胎兒待在腹中長達十個月，也會因為「黑暗、很害怕、想要早點出來」感到非常不安。寄宿母體以前是不安的，進入腹中以後也會不安，擔心著：「這次自己能順利出生嗎？」因為胎兒已擁有兩、三歲嬰兒的智慧，所以常常會這樣思考。

等嬰兒離開母體後，發出的第一聲是哭聲。之所以是哭而不是笑，就是因為之前太難受了，總算從黑暗當中出來了，所以就欣喜至極、盡情哭泣。而且，除了哭以外，也沒有其他辦法表達自己的意志。一切都不由自主，連爬都不會，這就是嬰兒的狀態。

因此，對於靈魂而言，從靈魂原本的自由，以及做為天人生活在天界的自由來看，身為嬰兒被孕育的這種痛苦本身，就是極大的束縛，是非常嚴苛的試煉，沒有相當的心理準備是無法完成的。這就好比是跳下懸崖，或者是從高臺跳進水中的感覺，人就是懷著這種心情轉生世間的。

出生後能否安全順利，亦是不得而知的。不到二十歲，人就無法擁有自信，也不知道父母會遭遇什麼。原本以為「父母會一直健康地工作」，卻沒想到天有不測風雲，於是，他們就有可能被送到孤兒院，或被其他人收養。還有人因為父母照顧不周，打翻了熱水壺被嚴重燙傷，長大後嫁不出去了。總之，會發生什麼是無法預知的。

無法發揮自己力量的嬰兒，除了哭泣以外什麼也做不了。這種毫無自由的狀態，就是出生的痛苦，這就是整個人生的起點。

其次，還有衰老之苦，這也是很難受的事。年輕時處於成長期，所以就只想著如何成長，然而，總有一天會盛極而衰。一般的運動員在二十多歲便過了巔峰期，相撲選手在三十多歲時就會退居二線當教練，這是很無奈的事；而棒球選手可能是在三十五歲以後結束職業生涯。普通的公司職員是在五十到五十五歲退休，但也有人在四十五歲時就被勸告「提早退休」。自己明明還能再活三、四十年，前半生都在拼命為公司操勞，但卻被趕出了公司。於是，就會感到自己老了。做為一個即將離世的人，感到生命的秋冬已經來臨，人生無比灰暗，這是十分痛苦的。

此外，記憶力也會衰退。腦細胞每天都在減少，身體亦不再聽使喚。健忘，總記不住人名，甚至變得看不清字，說不清話了，這些都是衰老的痛苦。

當一切變得不方便之後，就會產生受害妄想。自己無法自由活動，不是自己的錯，也不敢說是神的錯。於是就遷怒於他人，說是「妻子不好」、「兒子不對」、「孫子太差勁」，或者是埋怨「家裡房子太小」，「公司的部下不好」、「工資太低」、「退休金不夠花」等等，總之歸咎於各種外部原因。跟年輕時相比，性情的確是變得古怪了許多。

再比如說一位女性，二十多歲時年輕貌美，先生對她愛慕有加，央求她嫁給自己。然而年過四十以後，無論是怎樣的美女，也掩蓋不住歲月的痕跡。有小孩叫自己「大嬸」，就會感到很沮喪——「我在二十多歲時是有名的『〇〇小姐』，可現在卻被人叫做大嬸，小孩是不會說謊的，看來我確實是老了啊！」這的確是很痛苦，亦是一個很沉重的打擊。

當年說她是世間最美的女人的丈夫，到了中年居然開始在外面偷情。經過調查，才發現他正在追求一個比自己年輕十歲的女人。年輕是無法戰勝的，不管怎樣努力都是無可奈何的，即便想著「能夠回到從前就好了」，也不可能戰勝歲月。若對方是二十多歲的女人、比自己年輕十幾歲的話，自己真的是無能為力。這是很痛苦的事，但努力也沒有用。再怎麼努力，皺紋也不會減少，唯一能做的就是往臉上塗化妝品。這是一種苦，歷經變化之苦，且是無法阻擋的。就算很想永保年輕，或恢復年輕容貌，但也無力回天。

這種「生」之苦、「老」之苦，是任何人都無法逃脫的，本書的各位讀者也不例外。不論是頭腦聰明的人、家世顯赫的人，還是家財豐厚的人，或者是俊男靚女，全部都無法逃離這種痛苦。

此外，還有「病」之苦。鮮少有人會一生不患病，或是自己的親人從不生病。而且，每年都有上萬人死於交通事故，因事故受傷的人，更是不計其數。有人是自己本身遭遇事故，也有人是親屬碰到事故，不管哪個家庭，都必定會有人遇到事故，或罹患疾病。要不是自己受苦，要不就是親人在受苦，這是很不幸的事。

方才我講述了「苦苦，就是事物本身即是一種苦」，疾病本身的痛苦也是無可奈何的。或許有人會問：「為什麼會是這樣？難道人不能擁有永不生病的身體嗎？」但人體就是這樣的構造。若沒有攝取足夠的營養，人會死於營養失調；但若攝取過度的營養，人又會死於肥胖。此外，過度運動會傷身，運動不夠身體又會變差，過度飲酒則會損壞肝臟，這樣的例子不勝枚舉。身體不保養就會變壞，所以必須經常注意自己的健康。但即便是精心保養，也還會有突然生病的一天。在現代社會，疾病大多是源於精神的壓力，而不是肉體問題。

總之，人是無法逃離「病」之苦的。釋迦本身也曾在晚年患病，身體日益衰弱，並且病痛纏身，最後還死於食物中毒。不管是任何人，都難逃疾病之苦。

最後，還有「死」之苦。對此，各位讀者或許會認為自己覺悟了，所以說「沒關係的」。然而，一旦進了醫院，無意中聽到醫生對家人說「自己命在旦夕了，只剩下半年、三個月，或是一個月生命」時，各位還能平靜地接受現實嗎？現代人幾乎都是在醫院去世的，因病死亡的那一天終將會來臨。

過去的人多是自然死亡的，但近幾年來，自然死亡的例子非常少見，多數人都是病死的。若是學習真理、平靜愉悅地生活的話，就能夠自然死去；對此，請各位銘記於心。有人在清晨讀誦完幸福科學的根本經典《佛說・正心法語》後，就微笑著辭世了；如此一來，自己不會痛苦，也不會給家人添麻煩。如果依循真理度過生活的話，就真的有可能在某天早上醒來，讀誦了《正心法語》，跟家人打過招呼、道完別後就自然辭世了。不用進醫院受折磨，而乾淨漂亮地死去。只要調和己心，在有生之年不給別人添麻煩而開朗地生活，就能夠平靜地離世。在讀誦《正心法語》時，感到「啊！我的時辰到了，有人來接我了」，於是就跟親朋好友打招呼說「我的時間到了，感謝你們對我的照顧」，然後就死去，我想這也是完全有可能的。悟到真理的人就有可能做到這種自然死亡，但普通人是不行的。

有很多人非常害怕死亡，甚至會想「只要我自己能得救，殺多少人都無所謂」，這就是一種痛苦。

因此，信仰宗教、知曉靈界的存在，亦是逃離人生最大的苦——「死之苦」的好方法。若對此一無所知的話，是很危險的。

我在《宗教的挑戰》一書中曾經提過，某位有名的國立大學教授，雖然身為宗教學的先驅者，卻在臨終之際還不知道人死後會怎樣。這位教授患有癌症，儘管一直在探究「人死後會怎樣」，最終也只知道「死亡就是跟世間道別」，而對於「死後的狀況」則是百思不得其解。普通人這樣還可以理解，但做為一個研究宗教幾十年的人，實在是太可悲了。

我相信總有一天人們會明白「堅定地抱持正確的人生觀，是多麼幸福的一件事！」生老病死這四苦，是任何人都無法逃避的。所有人都會死去，這個預言是絕不會有錯的。釋迦首先就講述了這樣的人生真理。

隨後，還有「八苦」，就是在四苦的基礎上再加上了四條。首先，是「愛別離苦」，即與相愛之人別離的痛苦。人生之中總會有不想分開的好友，或自己依戀的父母、兄弟、朋友，再或是丈夫、妻子、孩子等等。然而總有一天，我們會不得不離開自己深愛的親人或朋友。有時是因為疾病或事故等死別，也有時是一生無法再相見的生離。比如說戰爭，可能導致人們經歷生離；原本關係很親密的兩個人，可能因為思想信條衝突而只好分離；由於宗教、信仰的不同，導致夫妻反目，最終與相愛之人離別。或許有人就因為信仰了幸福科學，而不得不與曾經的好友分別。總之，人生之中必定會有與相愛之人離別的痛苦。

反之，人生亦有「怨憎會苦」，即與討厭之人相會的痛苦。

就拿我自己來說，在從事宗教工作之前是在貿易公司工作，當時就常遇見不喜歡的人，有時是在國外被騙，有時是碰到討厭的人。進入宗教世界以後，亦有人對我的言論表達不滿，但也正是走在這宗教家之路，所以不得不面對這些人。如果回到以前的生活，是肯定不會遇到這種事，但我現在從事了宗教工作，這就是不可避免的。

就像這樣，人生之中有著各種的選擇，但總也避免不了與相愛之人別離、與討厭之人相會的痛苦，各位也應該經歷了不少愛別離苦和怨憎會苦。

此外，還有「求不得苦」，即求之不得的痛苦。這可謂是痛苦的典型代表，幾乎所有人都有體驗過。

比如說，想要找個好工作卻找不到，想要出人頭地卻做不到，想要結婚卻找不到理想的對象，想要更高的收入卻無法如願，想要住進光線更好的房子卻又買不起。或者是好不容易買下了房子，卻因為隔壁蓋了更高的大樓，而把陽光給擋住了。再比如說，想要獲得高學歷，卻總是無法通過考試等等。就像這樣，求之而不得的苦惱可謂是堆積如山，每個人都有自己的苦惱；所以說，求不得苦是相當普遍的。

回顧過去，各位曾追求過各種各樣的東西，但能得到的，終究還是占少數。如果人生可以按照自己的意志重新來過的話，我們還會有許多想要達成的事情，然而多數都是無法如願的。

並非只有你一人是這樣，其他人也是一樣，總有很多無法如願的事物。儘管每個人的情況會有所不同，但所有人都有許多不如意。

有人因為找不到妻子而苦惱，也有人因為有了妻子而苦惱，那是因為得不到賢妻良母而苦惱。有人因為想要孩子卻得不到而苦惱，也有人因為孩子幹壞事而痛苦，或者是因為孩子不夠聰明而苦惱。那麼，是不是給了他需要的，他就不苦惱了呢？也不盡然。總之，求之不得的痛苦是永無止境的。

最後，還有「五蘊盛苦」，也稱作「五陰盛苦」。「五陰」，就是指肉體的煩惱。肉體煩惱強盛的狀態，即為五陰盛苦。一旦覺醒於精神生活的話，有時就會很厭惡這種煩惱。

為何每天會感覺到饑餓呢？自己明明是靈性的存在，怎麼還一到中午就感覺肚子空空，少吃一頓都餓得難受。真是羞愧啊！不吃飯就會變成這個樣子。心裡明明想著「不要挑食」，但卻怎麼也改不了。飲酒也是一樣，怎麼戒都戒不了酒；這就是一種煩惱。

此外，還有異性的問題。不僅年輕人有這個問題，有時到了中年以後，甚至是晚年，還是無法平息熱烈追求異性的火焰。即便是心裡想著：「如果沒有這種欲求，該多麼輕鬆啊！」但還是身不由己，這就是一種痛苦。伴隨著肉體本身產生的煩惱，是無法抑制的。就算知道「為何會這麼痛苦？宗教對此要求很嚴格的」，也還是抑制不住煩惱。

綜上所述，「生、老、病、死、愛別離苦、怨憎會苦、求不得苦、五蘊盛苦」，這四苦八苦是任何人都無法逃避的。只要生活在世間，就必定會伴隨著它們。

## 6．苦的原因——集

釋迦的五個弟子們問道：「原來如此，我們已經理解了『人生即苦，是一個真理』。可是，到底該怎麼做是好呢？難道只能這樣痛苦下去，沒有解救方法了嗎？」

對此，釋迦是這樣回答的：「不，我已經找到解救方法了。雖說人生即苦，然而苦是有原因的。先有原因，爾後才有了這種結果。因此，發現痛苦的原因是很重要的。」

這就是「集」，將這種原因聚集起來，或者說歸結到一點，並知道何謂癥結所在，這就稱為集。

就好比說疾病，最初的「苦」就是疾病的狀態，倘若「感冒」的病狀即為苦的話，那麼「集」就是指感冒的原因。詢問「你是否在擁擠的電車上，碰到了咳嗽感冒的患者」，或是「在寒冷的大雪天裡，你沒穿外套就出去了」，這就是在探尋原因。尋找痛苦的原因，這些原因就是集。「感冒的狀態」、「感覺到難受，靈魂正遭受痛苦」等等，這些是「苦」。與此相對，比如說「痛苦的原因，就是因為你做了這件事」，或「因為在大冷天，你沒穿外套就跑到外面去了」、「你和感冒患者接觸過、並相處了好幾個小時，所以被傳染了」等等，這些都是「集」，即發現了原因。

再比如說，關於「求不得苦」，即求之不得的苦惱，也應該去思索苦惱的原因。若是因為「沒能在公司晉升」而苦惱的話，就要去思索自己為何無法升遷。同期進入公司的人都升職了，卻只有自己在原地踏步，所以為此感到苦惱。此時，就應該去尋找原因，而不是滿腹牢騷。

如此一來，就會發現有時是因為自己一直對上司抱著反抗的態度，有時是因為「自己沒有好好學習，學生時期只顧著打麻將」，這種情況下當然是不可能做好公司工作的。進入公司以後，原本應該認真學習的東西，自己也沒當一回事，等到發現自己升遷很慢，才在埋怨：「真奇怪！怎麼就我沒升職呢？」然而，這是此人自己的不對，早就該思考這個問題了。

再比如說，當身體出現問題時，才發現：「啊！最近從來都沒有運動過。原以為還有學生時期打球的底子，肯定沒關係，沒想到十年過後，身體變得虛弱不堪。就是因為不鍛鍊，所以才生病了。」這也是此人自己的問題。

如上所述，若感覺痛苦，就要去尋找痛苦的原因。

## 7・用八正道消滅苦

其次，是「滅」，即想像減輕痛苦後的狀態，或想要消滅痛苦的念頭。

比如說，有些人在生病時，會思索疾病治癒後的狀態，或是恢復健康時的狀態。有人會在不如意時，想像經濟狀況好轉時的情景，或是得到晉升後的情景。還有人會在家庭不和時，想像與家人和睦相處時的情景，或是想像家庭美滿時的狀態。於是，此人就會開始思考：「還是夫妻和睦的時候比較好！那時，孩子很開心，我們一家人每天都過得很快樂。因此，必須要重新回到那個狀態。」這就是「滅」，即希望消滅痛苦。

那麼，為了進入「滅」的狀態，或者說為了治癒疾病，到底該怎麼做呢？這肯定是有方法的，這個方法就是「道」，即路標、前進的方法。而這個「道」，就是著名的八正道。

幸福科學也在講述釋迦的八正道。

首先是「正見」，即指正確地看待事物、持有正確的見解。要摒棄錯誤的看法，用正確的觀點看待事物。換言之，不要單純地用肉眼看待事物，而要透過宗教的眼光、真理的眼光、佛的眼光、正確信仰的眼光去看待他人、自己和世界，人必須持有這樣的「正見」。

第二個是「正語」。這個順序跟一般的八正道有所不同，因為我針對現代人而將言語的教義放到了前面；這點是檢視自己是否有正確說話。源於言語的不幸是無休無止的，在公司、家庭，都有這個問題。一個家庭的破裂，往往是因為言語問題導致的，有時甚至就因為一句話而讓家庭破裂。然而，鮮少聽說因為丈夫用球棒打了家人而導致家庭破裂，或是因為妻子用炒菜鍋打傷了丈夫而離婚的。事實上，多數情況下都是源於夫妻在日常對話中，先說了傷害對方的話語，所以才導致家庭破裂。在公司的工作環境中，也常常是因為言語問題，導致了人際關係的惡化。由於出口傷人，或是在背後說人壞話，才會導致人際關係的問題。因此，在現代社會中，言語是非常重要的。

第三個是「正業」，即正確的行為，這是指「不可殺人」、「不可姦淫」、「不可偷盜」等基本的行為準則，我將此譯成現代的語言，「正業」中也包含著「正確地工作」的意思。若是公司職員的話，就在公司做好本職工作，若是家庭主婦的話，就將家中的事情處理妥當，這就是為了度過正確人生的中心。

第四個是「正命」，即正確地生活，這是指滿懷宗教心的生活。每天過著充滿感謝的生活，每天讀誦《正心法語》、調和己心，過正確的生活。作息正常、自戒己心，同時過著積極向上的生活，這就是正確的生活，即正命。

正見、正語、正業和正命，這四點是容易做到的反省。

第五個就是「正思」。「正思」，即正確的思想，是指探究內心的狀態。如果不學習佛法真理、宗教的真理，是很難做到這一點的。很多人認為佛法真理是古老的道德，因而輕視這一點，直到瞭解了宗教世界以後，才知道問題是源自內心。普通人不會明白這一點，他們只有在行為發生後，才有所醒悟。比如在說出惡口之後，才會明白「這樣說是不對的」；出手傷人後，才會被指出「使用暴力是不對的」。但真正的宗教人知道：「在形於外之前，內心所思也是很重要的。」這就是正思。

正思之中還包含很多內容，最根本的就是消除稱為「貪、瞋、癡」的「心之三毒」，即貪欲、憤怒、無明和愚昧，這是正思的反省。

第六個則是「正精進」。這是指每日修行，每日播下善種、培育善種之意。總之，就是依循佛心進行播種、培育。

與此相對，切記不可播下惡種，不可為自己造下惡業，不可行惡事。並且，不可對人惡語相向，不可對人行惡。倘若過去曾經做過惡事，此次就要在惡的種子成長之前將它摘除。總之，不要播下惡種，若是已播了種的話就要將它摘除，阻止它成長。

要每天播下善的、好的種子，例如對人說出「愛語」，多說正確的、善良的話語，多做熱心的活動，多向他人傳授佛法真理，多進行傳道，並努力培育這些善的種子。以這些行動為中心，同時追求精神上的進步，這就是正精進。

第七個是「正念」。這是指正確的心念、意念。透過集中意念，將能夠開啟更廣闊的人生，因此，意念的集中是非常重要的。

換言之，就是努力不要將精力分散到真理、佛道，或是佛法之道以外的事物上，這也是正念。若是將精力分散到其他地方，就會變得一事無成，所以必須將心念傾注在佛道修行、通往覺悟之道，以及建設世間烏托邦的道路上，並時常將此銘記於心，這就是正念。總之，不可為佛道以外之事分心，不可為世間俗事分心，要時刻謹記這一點，常將自己置身於修行中，並留意與他人保持和諧。

而且，透過心念的力量實現自我的心念，也是源自正念之中。描繪正確的理想，並以此為目標，每日朝著這個方向努力，如此心念就是正念。

第八個就是「正定」，即正確地入定，這是反省的修行。要進行反省、瞑想，有時還可以包括祈禱。祈禱屬於正念，但若做為正式的修法，也可以歸結為正定。

在正定之中，是將精神統一本身當成一種儀式，或一種修法。有時即便是想要進行反省，但若被日常生活的俗事纏身，也是很難做到的。此時，就要讀誦《正心法語》，並對自己一天的所思所為進行反思。例如，發現「自己對丈夫說了不該說的話，不應該諷刺丈夫的獎金太少，要知足才對」等等，必須要認真地反省。

不僅要反思自己說錯、做錯的事，還要回顧自己做了什麼積極的事。比如說，今天是否度過了為佛所稱讚的一天？當守護靈窺見自己的全部行為時，是否會為我欣喜呢？這就是正定，且依據各位修行層次分為了很多階段。

## 8・無限接近完成之道

以上就是八正道，即八條正確的道路。「苦、集、滅、道」合稱為「四諦」，而最後的「道」就是八正道。因此，在初轉法輪時，釋迦講述的最初教義就是「四諦、八正道」，這就是釋迦最初的覺悟、出發點。絕不會因為這是最早的教義，所以就沒有那麼重要。對於各位而言，它至今仍有著非常重要的意義。

接下來讓我們來複習一下釋迦在菩提樹下的開悟，以及初轉法輪時所講述的內容。

在修行過程中，
中道的態度非常重要，
中道，即是遠離極端、否定兩個極端。
中道思想的內容是，
苦、集、滅、道之四諦。
首先，必須要看透，
人生之苦、迷惑的生存、迷惑的人生，
以及基於錯誤人生觀的世間痛苦。
此外，必須知道痛苦的原因，
要祈求「消滅苦，消除苦，並獲得幸福」。
八正道即是為此而存在，
即八個目標、八個路標，
這即是消除痛苦的方法。

要每天都加以實踐，
這是調和己心的方法。
因此，八正道亦是中道，
中道也是發展自己之道；
這就是八正道。

釋迦最初講述的，就是這個無限接近完成的道路，這亦是沒有終結的道路，此即「四諦・八正道」。

本章對於初轉法輪進行了重要的論述，請各位務必謹記在心。

# 第二章

# 脫離無明

# 1・人生苦惱的原因

本章的題目是「脫離無明」，正如字面意思所示，這個「無明」就是指沒有光明的狀態。就像是夜裡趕路時，在山中摸索前進的狀態，不知道會在何處摔倒，亦不知道會碰到什麼，或有什麼東西朝自己飛來。總之，手所碰、腳所觸之處，無不令人膽顫心驚。這個佛教用語以英文來說，就是「ignorance」，亦可稱為「無知」。在某種意義上，這就是「沒有智慧的狀態」。

實際上，可以說「無明」幾乎是人生苦惱的全部原因。正是因為在沒有光明，或者說沒有智慧之光的狀態下度過人生，所以才會產生各種的苦惱。大多數人都被掩埋在這種煩惱、痛苦之中，無法自拔。

一言以蔽之，這就是「無明」。但無明的狀態，到底會衍生什麼呢？對此，我認為需要加以考察，這亦是覆蓋佛教整體的大課題。在此，我不會做太詳細的分析，但若舉出代表性的概念，那就是「心之三毒」的思想，即毒害人心的三種事物。

這三種事物，就是「貪、瞋、癡」。所謂「貪」，就是貪欲。「瞋」，就是憤怒、憎恨的情緒。而「癡」，就是「愚癡」。自古以來，「貪、瞋、癡」就被視為蒙蔽人心的「心之三毒」，不僅出家者是如此，對於在家者也是一樣，這三者就是一切迷惑的根源。

## 2・「貪」即是貪婪的情緒

首先，「貪」就是指貪婪的情緒。例如，請想像一隻野狗把鼻子伸進垃圾桶裡尋找食物的情景。各位會感受到這隻野狗的貪欲。當事人是意識不到的，但週遭之人就能看到那種貪得無厭、淺薄鄙俗的欲望。

這種淺薄的貪欲是什麼呢？首先是食欲。例如當所有人都在禮貌用餐的時候，若有一位饑餓無比的客人突然走進來狼吞虎嚥，那勢必會讓其他人難以進食。

此外，還有性欲。有人擁有強烈的欲望，無法控制自己，甚至於一看到異性就被欲望牽著鼻子走。

欲望是沒有止境的，從成功欲到物質欲等等，人們總是有著各種的欲望，什麼都想要得到，這就是貪。

「貪」，就是「奪愛」。而「貪」的相反，用幸福科學的教義來說，就是「施愛」，或是「佈施」。在某種意義上，這也就是「捨棄貪念」的教義。

以第三者的角度觀察他人的「貪」時，能夠看得很清楚。但對於自己是否持有過度的欲望，卻總是很難發覺。因此，必須時常觀察世間之事，努力做到客觀地看待自己。

## 3．「瞋」即是無法抑制的憤怒

「瞋」，就是指自己無法控制的憤怒。很多人脾氣暴躁，很容易生氣，因而一時失去理智，就不知道自己在說什麼了。等到事後冷靜一想，才發現自己並非是有心想要發怒，只是一時控制不了騰騰的怒氣，這就是「瞋」。

這也是自古以來就有的一種心毒，一旦怒氣爆發時，好不容易才獲得平靜的心，又變得波濤洶湧，這是非常不愉快的感覺，夜裡也難以入眠。總之，與人見面就不爽快，常會發生摩擦。

再舉另一個例子，有人在公司的業績非常好，且頭腦靈活、能力很強，外表也很體面，但總是得不到升遷。這些人大都有一個共同的特徵，即「瞋」，易怒、愛生氣。由於他們常常會突然性情大變，所以好不容易得到九十九分，差一點就滿分時，結果就被暴怒毀於一旦。

每當上司準備提拔他的時候，就立刻有人反對：「他愛亂發脾氣，發生狀況時根本靠不住！」、「要是他和客戶吵起來怎麼辦？」、「他要是進了管理階層，肯定天天罵部下！」、「他有時候還頂撞上司呢！」、「他總是鬧情緒，不合適成為管理階層吧！」等等。因此，此人始終無法升職，即便是能力很強，但性格急躁通常是難以出人頭地的。

這也是一種動物性的表現；動物們是很容易露出牙齒的，不管任何動物都是如此。一旦感覺到危險，就會立即露出尖牙，豎起利爪，渾身毛髮直豎，可以說易怒之人也是如此。比如說，其他人接近自己的地盤時，就會立即發出攻擊，彷彿野豬一般，猛然對著週遭之人豎起渾身的針；這就是動物的一種本能。因此，要學會控制自己的怒氣，時常保持平和之心，才是適合修行的狀態。

不過，這也有例外。我方才所講的憤怒，都是指「私憤」，人應該控制私憤。與此相對，世間還存在「公憤」，即公眾的憤怒，這是絕不可消除的。若是完全失去了這種公憤，就沒有推動社會前進的力量了。

例如一直持續著嚴苛的暴政、封建體制，且民不聊生，農民們忍無可忍了，此時就會有人像明治維新的志士那般發起革命。這也是源於憤怒的行動，但卻並沒有錯，因為這是一種公憤。公憤是絕不能喪失的，因這與正義相關聯。

因此，請各位知道這一點。人們要消除私憤，即自己個人的、本能的、反射的憤怒，但卻必須在某種程度上持有公眾的憤怒，即內涵理性的憤怒。否則，社會就不會有進步。

宗教改革等大多都內藏著這種公憤。「現今的宗教無法拯救世人，因此，要站起來改革！」這種能量就是公憤。這與「瞋」是不同的，請各位不要混淆。

此外，就個人的情況而言，「憤怒」和「批評」也是完全不同的。並不是看到他人犯錯時，自己坐視不管，或嬌縱放任就是好的，有時候還必須要「批評」。例如孩子一直搗亂不聽話的時候，身為家長就必須嚴加批評。若是不批評、嬌寵下去的話，孩子就會越來越任性。就像這樣，對於不成熟的人進行強硬的指導時，這種行為並沒有錯。

請各位要知曉，「瞋」存在以上兩種的例外情況。

## 4．「癡」即是愚癡

「癡」這個字使用了病字旁，給人一種病態的感覺，但一言以蔽之，這即是「愚」。聽到這裡，各位或許會感到自己是否也是如此。

提及「愚」，世人皆是愚癡之人。從某種意義上說，若非是真正的覺悟者、真正的佛陀，世人都是愚癡的存在。不過，重要的是，即便是愚癡的存在，也不可發展到病態的地步。

病態愚昧的「癡」，就好比是為了吃餌而被釣起的魚。魚的愚昧，就在於它會被餌料誘惑而上鉤。人們一看就知道是誘餌，但魚卻渾然不知，一口咬住餌料而上鉤，這就是因為智慧不夠。

比如說，捕鼠器也是如此，若將捕鼠器的入口打開，裡面放上餌料，老鼠就一定會走進去。但它吃到餌料後，蓋子就自動關閉了，第二天老鼠就將面臨被殺的命運。事實上，老鼠是非常膽小的，它每次都會確認沒有危險後才敢靠近目標。它以為四下無人就安全了，結果被誘餌驅使，走進了捕鼠器。從外面來看，也會知道進入網中是很危險的。而老鼠卻笨笨地以為「有入口就必有出口」，結果就被關在捕鼠器了，這就是老鼠的愚昧。

再例如，捕捉蟑螂的捕蟑器。蟑螂有著看到通道就想穿過的習性。只要給它一個通道，它就會從容不迫地鑽進去，結果就會被抓住了，這也是一種「癡」。

就像這樣，人們很明白各種動物的「愚癡」，但對於自己的「愚癡」，就很難有所發覺，這樣的情況有很多。

比如說，經常能聽到「有人從農村來到東京，結果被他人的花言巧語所矇騙，下場很悲慘」。此外，信仰宗教的人，也有著容易被騙的特質，一旦被人喚起同情心，就容易上當受騙。

因此，我認為反省自身「癡」的部分，也是非常重要的。

## 5·「慢」即是我慢和增上慢

「慢」，就是指傲慢的「慢」，這亦是無明的一種表現。所謂「慢」，也就是驕傲之心。在此，需要注意二點，其一是「我慢」。

首先，「我慢」是指「傲慢之心」，這是佛教用語，「我慢」即是「凡事不離我」的想法。

比如某事取得了成功，那明明是許多人齊心協力的結果，但有人卻說「這是我的功勞」、「全靠我才成功的」，這種想法就是「我慢」。

但這是很難判定的，他確實付出了努力，也擁有才能，並促成了成功，所以才會忍不住想要邀功。然而，若從真理的角度來看，這種行為就是錯誤的。

或者，某個孩子很用功讀書，並考上了有名的高中或大學，於是他就四處炫耀「我考上名校了，我很優秀」等。當然，他很會讀書，考試成績也不錯，的確是值得被眾人稱讚。然而，在他考上名校的背後，既有父母、老師的心血，亦有經濟上的支撐，以及地理上的便利條件等等。正因為各方面的條件齊備，他才能夠考上名校。但當他忘了這一切，以為是全憑自己的實力才考上的話，此處就會產生「慢心」，這就是一種我慢、自滿。

此外，政治家也是如此。有人當選後，參與了國家政治，就覺得自己實在是了不起，但若是過於自大的話，就可能會在下次選舉中落選。究其落選的原因，通常不是什麼大事，而只是因為講過輕視選民的發言。

十多年前，某位首相本人曾自滿地說道：「我能聽到來自全國各地的支持聲！」結果在黨代表的選舉中退居第二位，因而不得不放棄正式的首相參選。在民意調查中，他明明是處於優勢，但是在自民黨的黨內投票中他卻落選了。這就是因為他的自高自大，以及過於狂妄的表現所導致的。

歷經艱辛後獲得成功的人，也常有這種傾向，他們總是不厭其煩地吹噓自己的成功經歷，這裡面也存在自滿的成分。

又如方才我提到了孩子的傲慢之心，反之，也有這樣的家長。當自己的孩子在事業、或學業上有所成就時，很多家長就會湧現出「這都是因為我教得好、這是因為我們家的教育方針正確、這都是因為我們家長優秀」等想法，這也是同樣的自滿之心，請各位務必提防這一點。

之所以要提防自滿之心，是因為它會阻礙此人今後的進步，儘管它本身也有著正當的部分。如果不時常保持謙遜之心，就會破壞人們進一步精進努力的念頭，即「妨礙正精進」。

此外，還有一種與此相似的心態，那就是「上慢」。這是修行者身上特有的一種心境，即隨著悟性提高到一定境界，就會出現一種自戀情結。對於宗教修行者而言，這是自古以來難以避免的心境。當然，隨著悟境的提高，人們自然會更加自信。然而，一旦認為自己「覺悟了」，就再也看不到自己的不成熟和錯誤之處，且無法進行反省。最終自己在誹謗、詆毀他人的過程中，走進了死胡同，但自己卻渾然不知。

歷史上有個例子，是釋迦的法敵——提婆達多。提婆達多是釋迦的堂弟，他還有個弟弟叫做阿難。這兩人頭腦都很聰明，在釋迦的教團當中身居要職。然而，提婆達多仗著和釋尊是堂兄弟關係，就覺得和其他弟子有所不同。他的弟弟阿難又擔任釋尊的貼身秘書，倍受器重，因此，他既有傲慢之心，亦有著對自己弟弟的嫉妒之心。

不過，他確實很聰明，不僅善於學習佛法，還能夠進行說法。然而漸漸地，他就開始說出「我自己也能像釋迦那樣」的話語。後來，釋迦的教團不斷發展壯大，信徒不斷增加，甚至還有許多國家的國王皈依佛門，並提供政治、經濟上的援助。這個提婆達多也接受了一個名為阿闍世的邪惡國王的皈依，並從他那裡得到許多的金銀財寶，變得非常狂妄、不可一世。他認為所有成績都是自己取得的，開始建立了釋迦教團的分派。但最終等待他的，當然是墜入地獄的命運。

他的確是一名優秀的佛弟子，但終究沒能克制自己的傲慢之心、嫉妒之心，因此就墜入了地獄。假如他稍有謙遜之心，也不會落得那般下場，但他的「增上慢」最終害了自己。

在幸福科學長期學習的話，也會感覺到自己懂得了許多真理。尤其是成為講師或支部的幹部之後，會面對各種人講述教義，於是就會覺得自己非常聰慧，特別了不起。事實上，在佛法真理方面，他們的確要比普通人懂得多。但在其他的社會知識，或社會經驗等方面，許多人就會比他們更精通。然而，他們以為獲得的講師資格和頭銜，就像是處處通行的護照一般，自恃在任何領域都比其他人強，從而開始做出不合身份、不合心力的事情。如此一來，等待他們的就必將是失敗。對此，請各位務必時常有所自戒。

## 6·「疑」即是「信」之障礙

「疑」，就是指疑問的「疑」。在現代社會，常聽人說「有著疑問」是一種非常好的態度。人們常認為抱持著科學的探究態度，或新聞記者般的發問態度，藉此不斷地消除疑問，是一種值得肯定的做法。而且，近代以後的哲學對於提出疑問，並解決疑問是非常重視的。總之，世間之人將疑問合理化的傾向性很強。

然而，對於信仰的世界而言，這是非常危險的隱患。宗教，歸根結底就在於一個「信」字，即信仰。所謂信仰，就是相信眼所不見的事物。心是看不見的，神和佛也是看不見的，大宇宙的光是看不見的，愛和慈悲也是看不見的，這一切都是眼所不見的世界。人的可貴之處，就在於能夠相信這種世界。人的尊貴，就是透過如此信仰所表現出來的行為，這是人與動物的不同之處。

透過學習和研究的態度去追求事物，這本身絕不是一件壞事。但若是常常心存「懷疑」的話，就有可能會失去最尊貴的寶物，或者說最珍貴的果實。

比如說到了秋天，葡萄成熟後，一串串地垂掛在枝頭，此時摘下來就可以吃了。但若是在品嘗之前，偏偏有人要想半天「這葡萄是什麼品種的啊？是否澆過水，或噴過農藥呢？」還要把葡萄皮剝下來再檢查一番的話，恐怕吃葡萄的愉悅感早就蕩然無存了。「疑」就像是這種情況。

因此，探究疑問的態度固然很重要，但切不可因此而喪失最重要的東西。何況總是懷有疑心的話，人就無法保持平靜心，或者說平常心。對於他人的懷疑也是如此，一旦懷疑起來就會沒完沒了。當然，人不可能事事順心，有時也免不了被他人背叛。但是，在心中對此有所警惕的同時，還應該在大的方向保持信仰心。

以上就是對於「心之五毒」的論述，這些都是無明的表現。請各位瞭解這些事實、知識，並經常檢視自己，從無明中脫離出來，這是非常重要的。

## 7・從文學作品《心》來看五毒

以前，我曾碰巧看到了由夏目漱石的《心》改編的電視連續劇。事實上，我在學生時代就曾看過原著，並且為該書的文學色彩所感動。但此次我站在傳授真理的立場，再次觀看這部電視劇時，有了不可思議的感受。

想必很多人都對該內容有所瞭解吧！首先，主角遇到了一位老先生，他稱之為老師，這位老師是很有學識的人。有一次主角去到老師家裡時，老師告訴他「其實我有一段痛苦的過去」，而其內容都寫在遺書當中。

據遺書所述，老師在學生時代，曾投宿在一名寡婦家裡，並愛上了房東的女兒。之後，他收留了學友K——一位僧人的兒子，因為K從醫學系轉到文學系而被逐出家門，家裡不再為他提供學費，而K也愛上了房東的女兒。

有一次，K問「老師」：「你喜不喜歡那位小姐？」「老師」回答說：「不，我不喜歡」。然後，K陷入了沉默。

然而，「老師」終於忍不住，還是向小姐求婚了，而房東也同意把女兒嫁給他。但K聽聞此事後深受打擊，遂即自殺了。K自殺以後，「老師」和小姐結了婚，但婚後一直沒有孩子，日子過得很不開心。後來，明治天皇駕崩，乃木將軍殉葬，「老師」也暗自下了自殺的決心，並將遺書留給了男主角。

以上就是故事的大綱。

以前，我認為這個故事是在講述青春和戀愛的糾葛。但現在，我重看這部電視劇時，卻發現到了很多問題。

關於僧人的兒子K，我一直認為「不可說死者的壞話」，並將他看成是一個純真的年輕人，但現在看來卻感覺不同。

從「心之五毒」的角度來看，他首先是「貪」，有著貪欲。自己被父母逐出家門沒有經濟基礎，受到友人的經濟援助才能借宿別人家。在既沒有錢，又被逐出家門，學業也尚未完成的情況下，竟然還想跟一位姑娘談戀愛、結婚，這就是「貪」，或者說一種貪欲。身為男人，如果沒有經濟獨立、社會地位，就說明結婚的條件還很不成熟。他身為僧人之子，在佛道修行的氛圍下還會有這種想法，這只能說是「貪」性使然。

其次是「瞋」，即憤怒。因為友人搶在自己前面求婚，他就以自殺作為報復。或許他自己覺得無所謂，但他的朋友和那位小姐卻因此被蒙上了一層陰影。在某種意義上，他就像是憑依靈一樣，糾纏了人家一生。然而，這種憤怒是不正當的，因為一切都是由於他的愚癡引起的。

再次是「癡」。他不夠聰明，學生時代投宿在別人家，因為看上了人家的漂亮姑娘就萌生出結婚的念頭，這無異於魚去吃餌一般的單純。一言以蔽之，就是他缺乏社會經驗。若是他完成學業進入社會的話，還會遇到很多適合自己的女性。此外，在幸福科學能夠學到光明思想、常勝思考等各種教義，但他卻對這些教義一無所知，還自恃「作為寺廟的僧侶，我已經覺悟了」。然而，他根本沒有真正意義上的智慧，這就是「癡」。

隨後是「慢」。劇中的「老師」倒是常常自我批判，有著自虐般的傾向。而自殺的K，卻自認為「自己是在寺廟中長大的，精神上是要求上進的，所以不會被欲望所左右」。但這樣的自己一下子就被打倒，最後走上自殺之路，我認為這也是一種「慢」。

此外是「疑」，即懷疑。對朋友的懷疑，對房東太太和房東女兒的懷疑，對父母的懷疑，對社會的懷疑……等等，總之他心中充滿了各種的懷疑。他覺得「一切的一切，都在無形的地方迫害著自己」。

若K直接向房東女兒求婚，是否就能被接受呢？答案無疑是否定的。他被父母逐出家門，沒有經濟實力，還過著寄人籬下的生活，所以是不可能求婚成功的。儘管如此，他依舊認為是朋友背叛了自己，並且在意他人的眼光，一直悶悶不樂；這就是「疑」。

總之，他把「貪、瞋、癡、慢、疑」五點都齊備了，最終以自殺告終。當然，他的結果是墜入了地獄，無法回到天國世界。但這一切都是他自己造成的，對此若不進行反省，就無法進入天上界。這既不是他朋友的錯，也不能怪房東太太或女兒，一切都是他自己的問題。

地獄界有著很多這樣的人，總是責怪他人，或沒有解決自己的問題便死去的人。然而，人必須要跨越自己的問題。若做不到的話，就只能說是自己太軟弱，或者說是因為無明，即「沒有光明的狀態」。對此，各位不得不知。

另一方面，和房東女兒結了婚的「老師」，一生沒有子嗣，過著沉悶的生活，最後也選擇了自殺。這個人怎麼樣呢？說他有貪欲吧，還真沒多少，算是很正常的。那麼憤怒呢？他雖然對自己有不滿，但也不算很嚴重。說他「愚」吧，他也並不愚昧，反倒是很有學識的人。接著是「慢」，他也沒有傲慢之心。但他有一個問題，那就是「疑」。對自己的懷疑、對他人的懷疑，還有在父母去世時懷疑過叔父想要搶奪他的財產，他是不相信任何人的。他存在「疑」的一面，甚至連自己也無法相信，這最終導致了他自殺。

從真理的角度來看，夏目漱石的作品《心》中的兩位主角，一個是佔據了五毒中的全部，另一個是被一點所困擾。

就像這樣，人生有著各種各樣的苦惱，但大多都起因於無明。要脫離無明，需要什麼呢？歸根結底，就是要認真學習真理知識。不止是學習書本上的知識，更重要的是會活用學習到的知識。如果不能解決自己身上和週遭出現的問題，就表示知識並沒有真正地轉變為智慧。

比如說，有很多人能在考試中得到滿分，但只要記性好，或是肯花時間去背誦，就勢必能做得到。然而，能否將知識運用於實際生活中，才是關鍵所在。若是做不到的話，就稱不上脫離了無明。

希望各位能參考本章內容，解決自己的問題吧！

第三章

# 苦、集、滅、道

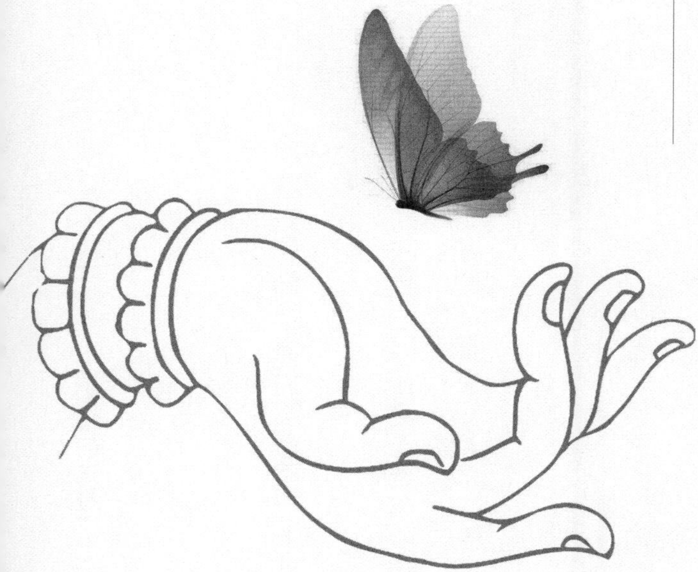

## 1．苦的思想——四諦

延續前一章，本章也將涉及佛教的專業性內容，講述對於修行者而言最重要的態度。

本章的題目「苦、集、滅、道」，是佛教中非常有名的教義。但在過去幾年（編注：本書寫於一九九三年），我一直沒有對此進行闡釋。之所以不講述這佛教中最重要的教義，是因為非常難對第一個「苦」的教義做出解釋。

「苦、集、滅、道」合稱為「四諦」，「諦」，就是真理的意思。因此，「四諦」就是指四個真理、四種明確的智慧。釋迦曾教導說：「透過『苦、集、滅、道』這四種思想、修行方法，就能夠走上通往幸福的道路。」

然而，這與幸福科學現在講述的「愛、知、反省、發展」之「幸福的原理」，在形態上是有所不同的。

「愛、知、反省、發展」這四正道的法門，包含著非常積極、建設性的教義。首先，我講述了「施愛」；緊接著，我講述了深奧的知識與洞察力等現代性智慧的教義。反省的教義，跟傳統的教義比較接近。而發展的思想，在釋迦的教義當中就很少提及了。特別是關於愛和發展的部分，在「苦、集、滅、道」這四諦的教義中沒有直接地出現。為此，我在講述「現代四正道」的過程中，就沒有太涉及過四諦的教義。

接下來，我將依序對於「苦、集、滅、道」進行說明。

第一個是「苦諦」。對於學習佛法之人而言，這是理所當然的。釋迦說過：「苦才是人生的真理」、「苦才是世界的本質、世間的本質」。然而，若是正在學習幸福科學的教義，或許就會感到不可思議。「真的嗎？大川隆法有講過這樣的教義嗎？」因為人們學過真理以後，自己的意識有了很大的轉變，所以就會存在這種感覺。換言之，這種感覺的前提，就是人們已經在真理的大海中遨遊過了。人們讀過許多的真理書籍，參加過許多的法話聆聽會、研修和研習會等，並達到了以學習真理為樂、知曉真理為喜的境界。因此，當這些人聽到「苦即真理。人生即苦，世界即苦」的時候，會感到非常不可思議。

但請換個角度，看看從未接觸過真理之人的生活方式。即便各位信徒一直在傳道，或是講述真理，那些始終與佛法無緣的芸芸眾生，看看他們的思考方式、生活態度，就會明白釋迦所講的「苦」是什麼意思。

這就好比是缺乏智慧的動物，或者說被釣上鉤的魚一樣。看到世人渾然不覺「人是來自於本來的世界」，也從未想過「人死後還會回到本來的世界」，一心以為世間就是全部，並被埋沒在世間當中，就會發現這確實是「苦」的。

因此，已經洞察真理、知曉真理的人，常會認為「人生是喜樂的，世間亦是佛國土」。然而看到沒有接觸過真理的人，或是生活方式與真理背道而馳的人，就會覺得「轉生世間，就意味著背負痛苦的人生」。這種人的生活、思考方式，會使他們逐漸墜入地獄。他們總是拒絕真理的拯救，過著自以為是的生活，然而，他們的生活方式就是謬誤。

## 2.「生、老、病、死」——四苦

釋迦的這句「人生即苦」，就好似禪當中的一轉語。以「世間是快樂的」人生觀而度過世間生活的人，一旦被告知「人生即苦」時，會感到很驚訝，並有所醒悟。因為他們會開始思考「為何人生即苦、苦即真理？」這個答案就表現在「生、老、病、死」上，對此請各位試著思索一下。

首先，「出生之苦」是怎樣的呢？原本在天上界時，是做為大人的靈魂過著充實的人生。然而，為了轉生世間不得不寄宿在母體，十個月零十天屈身在黑暗當中，不知未來人生將會如何，只能一直忍著。而且，從母體中生出來時，也是很痛苦的。在出生後的一整年，既不會走路，也不會表達自己的情感，只知道哭。

這種被剝奪了自由意志、忘卻了天上界的自由姿態的出生方式，在某種意義上確實只會讓人感到痛苦。靈魂的本質是自由自在、融通無礙的，但出生後就會失去這一切。此外，不能憑靠自己的意志實現任何一件事，一切都要依靠他人。出生以後，還一直給父母、祖父母添麻煩；為了照料嬰兒，父母不能出去工作，夜裡也不能睡覺。就像這樣，人天生就會給他人添麻煩。

其次，就是衰老之苦。「或許你們在年輕時玩得很瀟灑，但人總會慢慢變老的。各位都曾看過駝背的老太太，或是看上去感覺不久就會離開人世的老先生吧？這就是你們幾十年以後的樣子。想必你們不知道，衰老正在一步步地逼近自己吧！」或許可以和各位說這樣的話。

上了年紀以後，人就會變得像嬰兒一樣，失去種種自由。比如說身體不聽使喚、手腳不俐落、腰痛、眼花、耳背、頭腦昏沉等等。一生努力學習、拼命工作的結果，竟是逐漸衰老、失去自由，沒有一種痛苦甚於此。如果人生就此結束的話，如果人生的結局就是老朽、身體機能麻痺的話，這除了痛苦還是痛苦。

再者，就是患病之苦。在一生當中，任誰都會生病。有的病情輕微，有的病情嚴重以致搞垮身體。患病之時，除了自己以外，家人也會連帶受苦。首先是無法在社會當中生存，此時，才會意識到「不是自己一個人的人生，而是受到很多人照顧才有的人生」。但意識到這一點時，往往是處於病痛纏身的狀態，已無法從中脫身了。

最後，就是死亡之苦。在四、五十歲的時候，人還很健康，會覺得自己還能活很久，但死亡終究會找上門來。那麼，人死後會怎樣呢？在很多的故事、漫畫和電影中，都曾描述過死後的世界，但真相到底是如何就不得而知了。

一旦開始思考「從平均壽命來看，我還能活多少年」時，人就會很害怕死亡，開始說出「我不想死」的話語。但即便如此，人終究還是會死的。不管是國王、醫生，還是宗教家、學校的老師、體力勞動者，或是腦力勞動者，最終都會走向死亡。全國最優秀的人會死，不優秀的人也會死。不論是智者，還是愚人，都會面對生命終結的一天。或許有人會想：「若是磨練智慧變得聰明以後，就能獲得不死之身，那該多好啊！」但事與願違，人終有一死。

將生老病死的痛苦，告知相信世間是充滿歡樂喜悅的人，就如同於揭去他們眼睛上的眼翳，使他們睜開眼睛一般的行為。

知道生老病死之後，將得出什麼結論呢？那就是人生無常，即知曉「世間是一直在變化的」。

透過知曉世間是一直在變化的無常世界，就會引發人們思考「有沒有一種生活方式、一種世界是不變化的、恆常的呢？」於是，人們就會開始覺醒於靈性的生活，覺醒於佛心，並憧憬靈性的生活。

只有正面面對生老病死這四苦，否定以肉體快樂為中心的幸福觀，才終能肯定靈性生活，這是很重要的。

總之，釋迦的真正意圖並不在於說明世間沒有夢想和希望，而在於扭轉那些執著於世間之人的心，這才是釋迦最初講述「人生即苦、世界即苦、苦即真理」的原因。在某種意義上說，再沒有比這更具挑戰性的思想。

## 3・「愛別離苦」、「怨憎會苦」、「求不得苦」、「五陰盛苦」——八苦

若是詢問有地位、有財產、身體健康的人「你知道，人生即苦嗎？」對方一定會反問「何以見得？」

此時，應該這麼回答：「人生有生老病死之苦，你能夠逃避嗎？你的家人能夠避免嗎？即便是有錢、身體好、長得漂亮，或是家世好、學歷高的人，也沒有任何人能逃過

生老病死。聞此，或許有人會說『出生已是過去之事了，衰老的事情就等老了再說，死亡的事情等到臨死再想，而我現在又沒有生病。因此，生老病死都和我無關』。」

「既然這樣，就讓我再說說四苦八苦中的『八苦』吧！」

「愛別離苦——與相愛之人別離的痛苦；怨憎會苦——與討厭之人相見的痛苦；求不得苦——求之不得的痛苦、任憑怎樣努力都無法得到的痛苦；五陰盛苦（亦稱五蘊盛苦）——旺盛的肉體煩惱，無法抑制肉體欲求的痛苦；這些痛苦你也都沒有嗎？」

話說到這裡，恐怕誰都無法否認了。

就算是否認生老病死之苦，但與相愛之人離別的痛苦，誰都經歷過。與戀人、朋友、父母，或孩子等各種人的離別，皆會產生痛苦。

其次，與討厭之人相見的痛苦，大多數人也都經歷過。即便兩人互相「討厭」對方，但還是不得不見面的痛苦。

再來是，求而不得的痛苦，在現代社會有很多這種痛苦，這幾乎是所有人煩惱的根源。

最後，還有肉體的欲望。這種欲望一旦旺盛起來，甚至無法抑制，令人苦惱。即便心裡想著「人是靈性存在，是靈魂」，但實際上也抑制不住肉體的欲望。到了中午肚子會餓，到了晚上就會想吃晚飯，然後睡覺。早上不想起床，看到異性也會產生煩惱。各種肉欲讓人不禁驚訝：「這真的是自己靈魂的聲音嗎？」但我們無法否定這種肉體的意欲。

總之，沒人能逃避這四苦八苦，幾乎所有人都一樣，至少會有其中一個，而原則上應該是全部都有。

各位現在明白了「人生即苦」的道理嗎？如果懂了的話，從今以後就要端正己心，並學習真理，這就是「苦」的教義。

## 4・苦是應該消滅的──八正道

在上一節，我講述了四諦當中「苦」的教義──「人生即苦，世界即苦」。接下來，我要講述「集」的教義，即集諦。所謂「集」，就是分析並找出產生痛苦的原因。

在幸福科學的教義當中，也經常會提及這個問題。我從各個角度講述過「人們為何會如此煩惱、痛苦」？在書籍、講演、研習會中，我也曾講過「當知道了自己的痛苦時，為了得到幸福，就必須逃離痛苦。為了逃離痛苦，首先第一步就要找到痛苦的原因，這是很重要的」。總之，首先必須探究「是什麼引起了痛苦」？

人們總是很容易看清他人的問題，知道他人的錯誤所在，但對於自己的問題，卻很難弄明白。因此，人就需要學習，需要獲得他人的指導。

在第二章，我曾講述了心之三毒、即「貪瞋癡」（貪婪之心、憤怒之心、愚癡），這也可以稱為「無明」，或是「煩惱」。心之三毒，就是煩惱的典型代表。煩惱，就是不好的精神作用，不好的心理作用。煩惱有各種各樣，但大部分與肉體相關，來自於世間的欲望。因此，要徹底地追究「執著於煩惱的自己，到底是為何產生了痛苦」，並發現痛苦的根源。若能找到根源，問題就很容易解決了。

這就如同於醫生為患者看診一樣。若是不診斷出患者是心臟、大腦、胃、手腳等等有問題，還是感冒了的話，就無法進行治療。需要做手術，還是服藥，或者採取食療——無論是出具任何處方，首先都必須找到身體不適的原因才行；這就是「集」。此時，「愛、知、反省、發展」中的「知」——智慧，將能發揮非常重大的作用。

其次是「滅」。若是瞭解人生即苦，並知道了痛苦的原因，接下來就要消除痛苦的原因。立志要消滅痛苦，可謂之「滅」。各位必須要決心克服痛苦，消除痛苦，並逃離苦惱。否則，就無法進入通往幸福的道路。

總之，各位要下定決心消滅痛苦。換言之，人生是一本習題，我們必須要解答其中的問題。即便有些問題非常難，我們也必須做出解答，這就是「滅」。

那麼，消滅痛苦的方法是什麼呢？那就是「道」，即道諦。所謂「道」，就是指八正道。

因此，人們常說「四諦、八正道」，也就是四個真理、八條正確道路的意思。「苦集滅道」的意義，實際上重點在於「滅」和「道」，是為了奉勸世人「若是知曉了苦，就要決心將苦消除，從而進入八正道」。這就是合稱為四諦的「苦集滅道」的思想。

在我的著作《太陽之法》（台灣華滋出版）和《佛陀的證明》當中，就八正道進行了詳盡的解說，請各位務必一讀。

八正道首先是從「正見」開始的，即正確地看待、正確的見解。

在傳統上，接下來是「正思」，即正確地思考。

再接下來是「正語」，即正確地講話。

第四個是「正業」，即正確的行為，「業」是指「宿業」的意思。換言之，行為會產生宿業，因此這個正業就是指正確的行為。

第五個是「正命」，即正確地生活。一天的生活是否正確，取決於是否正確活用了做為佛子的生命。

第六個是「正精進」，即是否有精進。若只是活著而已，那就和動物沒什麼分別了。檢視自己是否有精進、有向上的決心、有努力過，這是非常重要的。

第七個是「正念」，即正確的心念。也就是檢視自己的心念是否朝向正確的方向、是否遠離邪念、常念佛道、是否有正確的人生計畫、是否度過著正確的人生。

最後一個是「正定」，即正確入定的方法。比如說反省法、瞑想法，還有祈禱等等，這些修法都屬於正定。

以上即是八正道的傳統概念。但是介於「愛的發展階段論」，我對此進行了一些調整。

比如說，我講述了正見和正語，是與「關愛之愛」的階段相通的。同樣的道理，正業和正命，是與「勉勵之愛」相通的；而正思和正精進，則是與「寬恕之愛」相通的。我進行了如此調整，並在八正道前面加上了真說，即「真說・八正道」，這也可以稱為「新說・八正道」。就像這樣，幸福科學改變了八正道的順序，使其變得更加簡單明瞭。

我認為對於現代人而言，「正思」是非常難的教義，所以就將「正思」往後排了。首先從具體的「看」、「說」，以及「行為」、「生活」等開始檢視，隨後才進入內心的部分。

此外，還有人將「正思」寫成「正志」，或許感覺這樣就比較容易理解吧！總之，「志」會讓人感覺是發自心底想要追求的人生態度，想要建立正確的人生觀，這就是正思。看來寫成「正志」，確實是比較容易理解。

## 5·超越釋迦的教義——走向偉大光明的世界

至此，我講述了「苦、集、滅、道」的教義。但幸福科學的思想，在整體上還沒有完全定型，所以我想進一步說明它與釋迦教義的不同之處。

的確，我的思想是以釋迦教義中的「四諦、八正道」為最初的出發點。但釋迦本身也在四十五年間的說法過程中，不斷地修正了其內容。

最初的小乘佛教，是以追求自我的覺悟為中心。隨著教團的發展壯大，獲得了社會的名聲以後，摩竭陀國的頻婆娑羅王以及他的繼任者，即改邪歸正後的阿闍世國王（Ajatasatru），以及憍薩羅國的國王缽邏犀那恃多王（波斯匿王）等等也相繼皈依了。於是，釋迦就更加自信，對教團也更有信心了。此後，當他自信教團已經成為印度最大的教團時，就開始講述了更為光明的教義。這就是釋迦晚年講述《法華經》等的思想，在《法華經》當中，存在相當多的光明思想。

從最初講述的「人生即苦。世人難以逃離痛苦」，做了一百八十度的轉變，開始承認世間也有著積極的意義。比如說山川草木，一切生物皆宿有佛性；不僅是人，世間萬物都宿有佛的生命。

此外，釋迦還給予弟子們記別，謂之「授記」。他對每一位弟子說道：「你們現在好不容易成為了阿羅漢，但來世、來來世，或是未來世，終將會成佛、成為如來的。」釋迦給予了弟子們希望。

釋迦還保證女性也能成佛，儘管當時的想法並不這麼認為，釋迦甚至還說了，即便是像提婆達多那般的惡人也能成佛。

這就是他取得巨大成功的證據。當釋迦教團獲得巨大成功，得到了社會信譽，並受到很多人的尊重時，就出現了這種積極的光明思想，並轉變成了成功理論。也就是說，那時的釋迦有了相當的自信。

幸福科學也一直在教導這種思想。比如說，既有著眼於人生光明面的「光明思想」，也有從成功和失敗中吸取經驗的「常勝思考」。此外，還有「發展思考」，即讓人們站在來世、自己回到實在界的角度，重新思考自己剩餘的人生，將自己的靈格提升到最高。總之，幸福科學一直在教導人們「在八正道之後，還有諸如光明思想、常勝思考、發展思考等積極的、肯定的思想，擊破人生的苦惱、痛苦，就能獲得更加幸福的人生」。

在這個意義上講，比起釋迦從開始說法到長達幾十年的調整，反倒是幸福科學的教義在整體上，從出發點開始就很接近成功的座標軸。我們很快跨越了最初的階段，進入到更為積極的層面。

從否定現世、人生，轉向肯定現世、人生的過程，可以稱為從弱者轉變成強者，或者說是朝向積極行善的轉變，思想不斷地變為更加強而有力。

幸福科學常被媒體指為「對貧、病、爭——貧窮、疾病和爭鬥不予以關心的宗教」，但這就意味著我們已經進入了下一個階段。換言之，幸福科學在出發階段，就是從接近於釋迦晚年思想的程度開始的。而且，比那更先進，更加發展；這是我們的立足點。對此，請各位務必要知曉其差異。

我認為不必重複遂行相同的工作，而應該在從前工作的基礎上，更上一層樓。這就是「苦、集、滅、道」的四諦，與幸福科學現在的教義之間的關係，希望各位能夠對此理解。

第四章

# 何謂無我

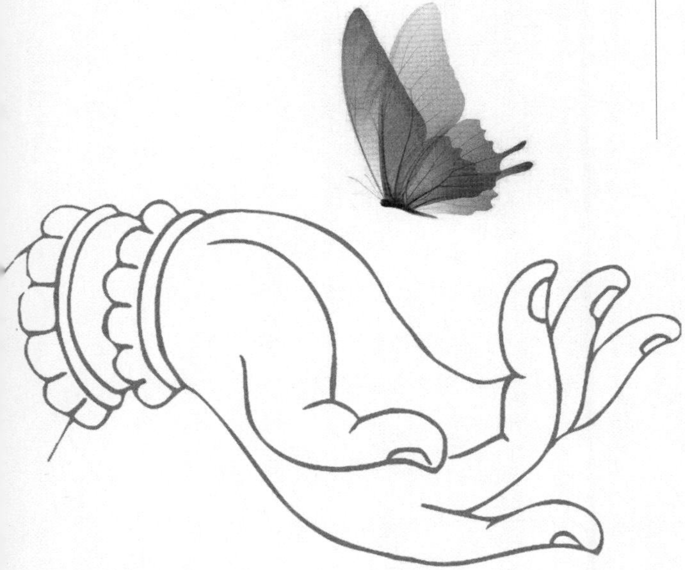

## 1・對「無我」的誤解

本章將要講述「何謂無我」的主題。這是關於「無我」，或者說「我」本身的話題。首先，我想要解釋一下談論這個話題的原因。

前幾天，我閱讀了一位佛教學者的書。這位學者已經過世了，他曾擔任過T大學的教授，是著名的佛教學者，還出版過佛學全集。他建立了「緣起論才是佛教的中心」的理論，曾經風靡一時。在我閱讀這位U博士的著作時，他的靈魂出現了。然而，他並不是來自好的地方，而是從黑暗的世界跑出來的，並和我攀談起來，我們對話了一個晚上。

因為是著有佛教大全集的學者，所以在佛教理論方面，他的知識遠遠超過了我。但這般瞭解佛教的人居然墜入了地獄，這就表明他已經是無藥可救的狀態了。從原典到所有的譯著、研究書目，他幾乎都讀遍了，還建立了自己的學說，但對於墮入了地獄後該怎麼辦，他就完全不知道了。若是學習佛教、研究佛陀的教義，最終還下了地獄的話，這種人是無法拯救的。他本人也說：「我真的不知道為何會變成這樣。我明明研究並學習了那麼多的佛法，為何卻會是這個結局呢？」

我也感到他並不理解自己的狀況，並以為自己曾遂行了非常偉大的工作，所以就覺得自己很精通佛教，甚至是「無一不解」吧！

在講話的過程中，我漸漸發現了這就是他迷失的原因，這個原因就在於「無我」。除此之外或許還有其他原因，但在這一點上，我發現他似乎犯錯了。

這不光是他的觀點，在學習現代佛教時，也有人解釋道：「釋迦曾講述過無我，即『本來無我』的教義，所以說『我』是不存在的。」佛教學是這樣解釋的，寺院的僧侶也這麼認為。然而，這個觀點發展以後，就會變為「若是在世間修行、開悟的話，那麼在來世時，我就會消失，因而就能逃離輪迴的軌道。因為自我消失了，所以轉生輪迴的主體也就沒有了。如此一來，來世將會如何、自己又會怎樣，就無從得知了。」

與這位著名的佛教學者談話時，他說道：「因為是無我，所以死後的生存就是不存在的。」我問道：「那麼，正在說話的這個你，又是什麼呢？」他答道：「這個我就不知道了。」不過，他對禪宗也有研究，接著又說道：「本來是無我，所以我已經消失了。現在存在的，是迷惑的我，而不是本來的我。」諸如此類等，他做了很多複雜的解釋。對此我答道：「不論迷惑與否，你不就是你嗎？你現在不是很迷惑嗎？」然而，他始終堅持「如今是迷惑的我，並非是本來的我」，並陷入了糾纏的理論之中，變得無藥可救。

最終，我只能說是他的根本思想當中存在謬誤，但這不光是他一人的問題，更是整個佛學界，甚至是整個宗教界的大問題。在佛學界乃至整個宗教界當中，恐怕有一半左右的人都對他的思想有著共鳴。

## 2・做為人的靈魂的個性

釋迦在「三法印」中，在第二項就提到了「諸法無我」的教義。

這裡的「諸法」，並非是「教義」的意思。「法」雖然有著教義、指導人們正確人生態度的意思，但「法」還有著另一層意思，那就是「各種事物現象」，即萬事萬物、森羅萬象的意思。宇宙的一切現象，也稱為「法」。諸法無我的「法」，就是指萬事萬物的存在；換言之，釋迦講述的是「萬事萬物的存在都是無我」。

若按照字面意思解釋，可能會誤認為「一切皆是『無我』的狀態，最終一切都會在空中分解殆盡，什麼都不剩」。從佛光物理學中「在光的作用下產生了萬事萬物」的理論來看，這種想法的確是說得通。然而做為人的人生態度，從在現實中進行靈魂修行的主體、在世間進行靈魂修行之人的角度來看，或從動植物的角度來看，那種想法就未必是正確的。

為什麼呢？因為做為人的靈魂是有個性的，這種個性是世人在地上擁有肉身、進行靈魂修行的過程中，從原本佛分出的光，變得明確化而形成的，這就是個性化的歷史。當然，個性化本身也是佛所期待的方向。透過各種活動，實現發展繁榮，這本身也是美好的事情，總之，這本來就是做為佛子之光的特性。在這層意義上來說，若重返本來狀態的話，所有人都是相同的存在。就像這樣，一面要求人們發展不同的個性，一面又說人們本來有著相同的性質，這看似很矛盾但又意義深遠。

接下來我想要進行更具體的說明。

佛教學者出現錯誤的根源，就在於將「無我說」理解為「人的存在，就是五蘊的暫時結合」。

所位「五蘊」，就是指「色、受、想、行、識」。「色」是指肉體，「受」是指感受的受，「想」就是表象作用，即創造形象的能力。此外，「行」就是為了具體實現那個形象的行動，也就是行動作用、意志的作用，即人的意志。最後是「識」，即認識作用。

換言之，人先有肉體（色），再有感覺作用（受）。此外，有形象作用、表象作用（想），隨後有將形象具體化的意志力（行），最後才有判別自己準備要做、以及正在做的是何事的認識作用（識）。

「色、受、想、行、識」這五點，就是人所形成的要因。將五蘊、五種作用暫時結合而成的結果，就變成為人。除了第一點「色」是肉體以外，其餘的四點「受、想、行、識」都是精神作用，即人心的作用。因此，就出現了「人就是透過肉體和心所構成」的想法。

此外，還有人認為：「人是暫時結合而成的。原本人是不存在的，但後來集結了肉體物質和心的四種作用，即將五蘊暫時結合起來，就形成了人。因此，這種結合體就好比是風一吹就會吹散、火一燒就會燃盡的無常存在。」

在佛教學者之中，有很多人將這種想法進一步延伸，就認為「人是五蘊的暫時結合，所以人死後就會雲消霧散，化作靈氣一樣擴散」。

## 3．兩種轉生輪迴

當然，五蘊的暫時結合理論，將人視為暫時的合成體的理論，並非是完全錯誤的，因為人的確有著合成之處。

但問題是死後去了來世會怎樣呢？當然，肉身會留在世間。除此之外，人的靈魂外側還有幽體。這個幽體與心臟、頭腦、內臟等許多的感覺器官、內臟器官有著非常緊密的關係。死後，各位必定會帶著這個幽體前往靈界，幽體就好比是幽靈出現時所穿的外衣。正如方才所講的，幽體部分是透過「色、受、想、行、識」之中的心與肉體的作用、活著之時的人體作用所形成的。

這也正是為什麼幸福科學認為，為腦死患者進行心臟等器官移植，會有問題的理由所在。器官也是有意識的，而且都是形成幽體的元素。因此，前往四次元幽界時，一定要使用幽體才能生存。

然而，從四次元進入五次元以上的高級靈界以後，這個幽體又將會被脫掉。被脫掉的幽體，一般都會放置在四次元世界。但幽體迷失時，偶爾也會化為幽靈。然而放置了一段時間過後，大半幽體都會被用作其他目的。比如說經過一段歲月後，幽體失去了人形，變成靈體脫下的外衣一般。此外，常常將這些幽體集中起來，用於建立轉生時的嬰兒靈體的材料。

人死後將會脫掉幽體，即脫掉在世間時做為人的屬性，成為真正的靈體，前往靈界生活，這是確有其事的。脫掉幽體後所留下的靈體，是不會隨著死亡而消滅的，因此，「無我」並非是指一切全部消失。對於一般人而言，回到靈界後的靈體，或者說靈魂，仍具有一定的人形，繼續在靈界生活著，並不斷經歷轉生輪迴。當然，輪迴的主體是靈魂。

此外，關於釋迦為何要說出「已開悟之人，可脫離轉生輪迴，不再轉世」這句話的理由，在此我想加以說明。

的確，人在靈界是做為靈魂度過生活，並每隔幾百年轉生到世間一次。然而，從菩薩界進入更高次元的世界以後，就不再有人魂的姿態了。在靈界當中，直至六次元光明界為止，靈魂都有著人的外形，並經歷著轉生輪迴。但從菩薩界開始往上，就越來越少顯現人的外形了。雖然他們也擁有活著之人的感覺，但通常是只做為意識體而存在。

就像這樣，一旦變成只做為意識體的存在時，就不再是經歷轉生輪迴的靈魂，而將變成巨大的意識團，並具有各自的個性。有的是綠色，有的是藍色，有的是黃色，有的是紅色，總之是有著各種各樣的色彩，但都是做為意識體的存在。

於是，他們就不再像通常的人魂一樣，必須不斷地轉生於世間，即不再因為修正己業而進行靈魂的修行。他們只做為意識體存在於靈界，所以從某種意義上說，他們已不需要進行靈魂修行了。

然而，為了拯救地上界的眾人，有時他們會刻意轉生為人。但這是他們主動要求的，而並非是為了消除己業，每隔幾百年就必須經歷轉生一樣，像洗衣機中打轉一般的靈魂修行。

釋迦講述的理論是如此高深，所以有許多弟子都未能理解，還只認為「無我，就是死後什麼都沒有了」；這就是出現理論混亂的根源，甚至還有人認為「佛教主張無我論，死後靈魂就會消失」。現在去問寺廟裡的僧侶，有一半的人都會這麼回答：「佛教是否定靈魂的，死後『我』就會消失。」若是你再問他：「那你為何弔唁念經呢？」有的僧侶就會回答：「是為了死者的家屬。」但這樣的僧侶是極有可能下地獄的，這樣的人在學者中也有很多。

由於「無我說」的解釋很難理解，有人就草草地認為「無我，就是死後沒有靈魂，釋迦是否定靈魂的」。

然而，其結果就是出現唯物論思想。唯物論認為「只有世間的生活」，現今，印度的傳統宗教在批判佛教之際，就時常攻擊說「佛教就是隱性的唯物論」。歐洲的許多宗教學者也將佛教定義為唯物論、無神論的宗教。

## 4・釋迦的「無記」──毒箭之喻

唯物論思想的產生，還存在另外一個理由。

在《箭喻經》中曾講到，有一位名為鬘童子的弟子，對釋迦提出了很多形而上學的問題。例如：「人死後的生命是怎樣的？是怎樣生存的？」、「宇宙是有限的？還是無限的？」等等；但對此，釋迦並沒有回答。這故事曾出現於《箭喻經》中，謂之「無記」，釋迦說了有名的「毒箭之喻」給此人，想必各位曾有聽過。

從前，有個人突然身中毒箭，已經奄奄一息了。別人想要把箭拔下來為他療傷，此人卻說：「等一下，你先別急著拔箭。我得先問清楚這箭是誰射的，從哪個方向射來的，上邊是染了哪種毒，不問清楚的話怎麼治呢？」

為他療傷的人則回答道：「可是再拖延下去的話，毒會立刻蔓延全身，你就會死。現在要做的不是追究這些問題，而是趕緊把箭拔下來，綁好傷口不讓毒再蔓延，把毒血吸出來，趕緊治療。箭是什麼人射的，從哪個方向來的，箭是什麼材料的，他為什麼要射你，這些問題以後再說，現在最要緊的是治傷救命！」

換言之，釋迦的這個比喻旨在說明「一味地做那種對人生的進步毫無意義的、形而上學的討論，或者是沒有現實意義的抽象討論，既不能拯救人，也無法使人前進。與其做這些無益的思辨，倒不如首先端正自己的人生。首先要探究正心、探究八正道，如此一來，你們才能夠脫離痛苦，邁向幸福的道路。至於『人的靈魂死後會怎樣』、『宇宙是有限還是無限』，現在討論這些沒有任何益處」。

這就是「毒箭之喻」的故事，但弟子們未能理解釋迦的本意，還對此解釋道：「釋迦曾說過，沒有死後的世界，沒有宇宙，只有現世。因此，只要在世間好好生活就夠了。」雖然釋迦的本意比較難理解，但我十分希望佛弟子們能夠透過本書，認真進行學習。

釋迦為何要避開那種討論，各位設想一下就會明白了。假設有一個穿著邋遢，且尚未調和己心的人走來，坐在我面前，向我提出了一大堆問題：「大川先生，人的生命到底為何物？我的靈魂每隔多久會轉世？到底有沒有死後的世界？本體是什麼，分身又是什麼？我到底是本體還是分身？宇宙創始之初我是什麼樣的狀態？我是距今幾億年之前變成人類的呢？」

我一定會這樣回答他：「這些事情都跟你無關。請你首先跟太太和解，請先調和己心。此外，你也不孝順父母，孩子也常被你扔在家裡一個人哭，你先去解決這些問題吧！」

這就是對機說法。

然而，有人不明白這只是針對某人所講的話語，還很快將它變成「統一模式」，結果就變成了教條主義。

總之，釋迦並不是說「沒有來世的生存」、「沒有轉生輪迴」，或是「我不知道宇宙是不是無限的」。但釋迦的無記——不予以回答，卻遭到了後世的惡用；這就是如此難懂的思想。有時說出一句話，聽者就會被它所限制，而無法再考慮其他方面了。

在佛弟子中這種情況很常見，所以後來佛教中出現了一個流派，稱為禪宗。禪宗主張「不立文字」，即不留下文字。因為一旦留下了，弟子們就容易被限制。比如說了「無我」，就有人被「無我」所限制；若說「非無我」，就有人被「非無我」所限制。因為說「無我」的話，就有人認為「我是不存在的，沒有靈魂，也沒有靈界」，所以就放棄了修行。但若是告訴他「並非是無我，人是有自我的，所以要磨練自我」，於是他就拼命磨練自我，而忘記了謙遜。

這就是如此難以讓人理解，請各位務必覺察到自己身上也帶有的這種傾向。這一切都是源於知力的淺薄，也就是第二章中所講述的「無明」。

## 5．真正達到「無我」的方法

在上一節，我已經從靈性的角度、靈界的生存方面對「無我」進行了說明。那麼，釋迦的本意究竟在何處呢？本節我將做進一步的說明。

釋迦必須要講述「無我」的一個理由是，因為「歸根究柢，人生的痛苦都是源於執著」。所謂執著，就是固執於某件事，而這個執著的根源，就在於「我」，即我欲，「自我」的心態，或是「我見」——從自己的角度看問題，以自己的觀點為標準的偏見。這種以自我為中心的看法和欲望，導致了全部的人生痛苦。

最常見的是四苦八苦當中的「求不得苦」（求之卻不得的痛苦），所有人都有這種的痛苦。但求不得苦的根源，就在於「我」，就是從「自我」、「我物」的心態中，人們產生了痛苦。

「無我」的話，也就沒有「我物」。正因為認為「有我」，所以才有了「我物」的想法。

「我物」，即認為是自己的東西——「那個人是屬於我的」、「我的部下」、「我的戀人」、「我的妻子」、「我的孩子」、「我的父母」、「我的家」、「我的土地」、「我的球棒」、「我的球」、「我的相機」、「我的錢包」、「我的錢」、「我的存摺」、「我的名片」、「我的桌子」、「我的椅子」、「我的墓地」……林林總總什麼都有。

首先有了「我」，所以才有了「我的東西」。有了這個「我的東西」的想法，於是就會產生執著。

因此，為了斬斷執著，首先就必須捨棄「我的東西」的想法。

各位本來是何種的存在呢？是大宇宙的根本佛，創造了做為光的人之存在，這才是各位的本質，切不可忘記這點。當回想起自己的本來姿態時，人就能與佛合為一體。

因此，各位必須從兩個方面，再次檢視這個無我的教義。無我，並不是否定做為物理存在的「我」。無我的本質之一，就是告誡各位「必須與佛合為一體」。若不能放下自我，就無法與佛合為一體，當「自我」之心太強時，佛光是照射不進自己的。

為了實現與佛合為一體，就佛教而言，有著反省、瞑想的修法；就基督教而言，就是向神祈禱，獨自努力向神祈禱。

為了達到無我的境界，還有一個是「利他、愛他」的方法。

為他人而活，
苦他人之苦，
悲他人之悲，
喜他人之喜。
抱持著愛他之心生活，
這即是通往無我境界之路。

總之，與佛合為一體、與他人合為一體，這兩者都是無我的教義，這亦是勉勵各位的方法。

這個教義是絕對沒錯的，死後回到了靈界，前往地獄的都是執著於自我的人。而且，死後仍存在迷惑的人，就會附在世間之人身上。有人是糾纏在世的妻子、丈夫，或孩子，也有人是在家裡四處遊蕩。此外，既有人是附在土地上，也有人附在墳墓上，或是公司的桌子上，這些靈魂都被稱為地縛靈。在政府機關，有些地方就常常有人自殺。比如說一名高級官員從跳樓自殺，之後他用過的桌子周圍每年都會有人自殺，那就是因為他變成了地縛靈。

就像這樣，地獄靈有著各種的執著，可謂是執著的結合體。這種執著的根源，皆是「自我」，若是不否定自我，就無法斬斷執著。

天國的世界，則是愛他、利他的世界，天國的人都是為了幫助他人而生活，這即是無我。不是為了自己，而是為了他人而活，這就是無我的思想。

## 6・為了拯救人類的理論

區分天國與地獄的界限，就在於是否有「我」。不過，各位在消除「我」的同時，還必須要磨練「我」。

修行是為了自己，這也就是磨練自我，承認自我的存在。然而，若將修行的方向朝向佛的話，那就是與佛合為一體，消除自我。此外，若是朝向愛他、利他的方向，為了拯救眾人而修行，那也是消除自我。

因此，獨自學習、珍惜自己的時間，或是愛惜自己的身體、勤勉於修行等等，這些看似是增強「自我」的行為，但歸根結底，這些都是朝向佛的方向、朝向愛他、利他的方向，終將成就「無我」。

當重視自我是朝向「無我」的方向時，那就是好事。但若重視自我將導致自己執著於物質，或是世間生活，那就會產生錯誤的執著，從而變成通往地獄的護照。

在本章開頭我提到了著名的佛教學者，他進行了許多研究，闡述了佛教的理論，甚至還出版了佛學全集。但最終，他卻沒有理解這個「無我」的教義。

在釋迦之後的歷史當中，佛教弟子們曾製造了很多混亂，他們不理解無我之道是可想而知的，但這實在令人感到悲哀；這是單從知識的角度教授佛法之人的悲哀。

在各位當中或許也存在這樣的人，到了後世恐怕也會有人步上後塵。然而，即便是透過知識、抽象的角度講解了佛法，但若最終不能拯救眾生的話，那就毫無意義了，這是我想要告訴各位的。不管建立多少空洞理論、抽象理論，如果最終不能增進眾人的幸福，那就是一紙空談。

關於無我的教義，請各位好好吸收本章的內容，體會其真正的涵義吧！或許有人會想：「無我，就是沒有自己，所以自殺也無所謂吧！」在釋迦的時代，也曾有唯物論者說過：「人就是分子、原子的集合，所以用刀去砍人也沒關係，反正那只是用刀在分子之間穿過而已。」

建立一種理論是沒關係的，但在運用這種理論時，切不可用於迷惑他人，或使他人有了無可救藥的錯誤認知。事實上，一半以上的現代人都是在迷惑中走進了地獄。因此，一定要著眼於「為了拯救迷惑的眾人，要如何解釋、怎樣進行說法」。若非如此，而是拘泥於抽象的、形而上學的思想——「非此、也非彼」，那就會進入既不能自救，亦不能救人的世界。

請各位千萬不可忘記「拯救世人」這一任務。

# 第五章 空與緣起

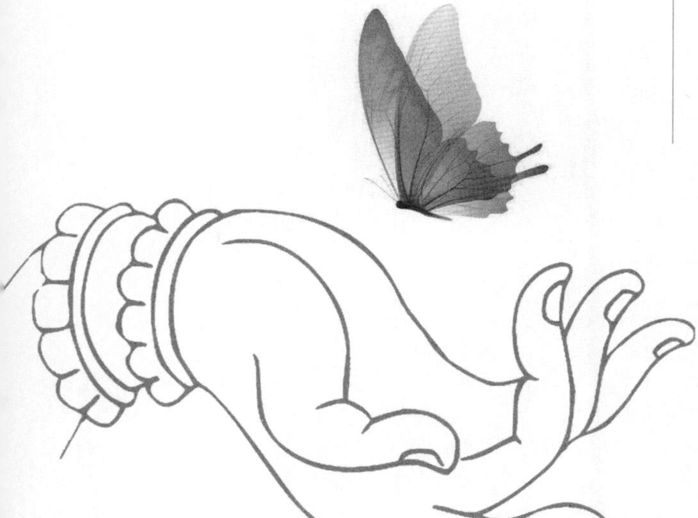

# 1．「空」的思想

我在前一章講述了「何謂無我」，其內容是非常複雜的。但對於「何謂無我」的覺悟，與禪宗的覺悟是相當接近的。為了獲得這個覺悟，寺院的僧侶們從古至今一直在持續修行。但即便如此，還是很難對此悟透，無法達到道元所講的「身心分離的境界」，「無我」就是如此難懂的教義。

本章要進一步講述與「無我」關係密切的話題，那就是「空」的思想。

在「諸行無常」、「諸法無我」和「涅槃寂靜」的三個法印當中，「諸法無我」的教義，常被人講述為等同於「一切皆空」的教義。對於「諸法無我」的定義有很多種，比如說「諸法無我，即是萬事萬物皆是無我的。總之，在本質上是具備與佛具有同樣的性質」。諸法無我的思想，的確是與「一切皆空」的思想相關聯的。

因此，「空」也是非常難懂的教義，但這是佛教的精髓，特別是在大乘佛教是中心當中的中心。

上一章的「何謂無我」和本章的「空與緣起」，都有各自難於理解的內容。若是閱讀一遍就能理解的話，那說明已經開悟了。但正因為不理解，所以才必須要學習和精進。

因為「無我」、「空」等教義，是不可能僅透過知識的角度理解的，換言之，不透過悟性是無法認識的。僅透過知性、理性和感性，是無法掌握全貌的，這也與個人的洞察力有著相當的關係。因此，雖然我可以對此做出很多解釋，但最終參悟時各位只能靠自己。是否能參透這個教義，完全要取決於個人。

在此，我想首先就「空」進行解說，這在《釋迦的本心》、《從平凡出發》當中也有講述過一部分。

首先，常被拿來與「空」對比的，是「無」。此部分有著太多哲學方面的深入探討，實在是無法一一列舉，但我現在的思考方向，正是如下所述。

所謂「空」，並不是說什麼都沒有，而是物體會隨著時間的流逝而轉變，沒有固定的實體。隨著時間的流逝會不斷改變形狀，我認為這是非常接近於沒有實體的現象，這就是時間論當中的「空」的思想。

那麼，何謂「無」呢？將時間停止之際，所有的存在都將會靜止。在那個時候討論是否有可能的問題，就是指「無」。換言之，森羅萬象皆是源於佛念——「有」，才得以存在的。當佛念消失時，萬事萬物就將消失，即停止存在，這即是「無」。

這就是「無」和「空」的不同之處。

## 2．諸行無常和諸法無我

方才我講述了「諸法無我」，但此時或許會產生另一個疑問——「空」的思想不是也與諸行無常有關嗎？諸行無常和諸法無我到底有何不同呢？兩者都與「空」有關。一個是隨著時間而轉變的事物，另一個是隨著時光的流逝而發生變化的事物，這不是在說同樣的東西嗎？

的確，就算是佛教專家的論著，對這兩點的解釋也是很混亂的。某宗教團體知名的前會長，亦在書中將諸法無我與諸行無常的解釋顛倒，跟我的解說是正好相反的。然而，那樣的解釋還通用於那個宗教團體中，看來即便是專家也並不理解這兩點，更遑論世間之人了。

那麼，怎樣的解釋才是正確的呢？

關於諸法無我，若不解釋它與靈界的關係，是根本無法說明的；若以世間的觀點來解釋，是不可能的。換言之，必須要考慮生命在世間和靈界之間的循環，或者說靈體在世間物質化之後，還將返回靈界的來回過程，否則就難以解釋這個諸法無我。

然而，對於諸行無常的解釋，即使不特別提及靈界，亦能夠理解。世間的萬事萬物都在不停的變化，從出生、成長，到成熟，然後枯萎、消失。即播下種子後，培育它，它就逐漸開花、枯萎，最後回歸泥土消失掉。人的肉體也是一樣，做為嬰兒出生，健康地成長，變為兒童、大人，工作，衰老，漸漸彎腰駝背，直至死亡。

凡是世間的存在，都要經歷這般的生長、發展、衰退，直至消失的過程，最終都將枯竭而死。就像這樣，只要看到世間，就可明白這個諸行無常。

當然，事實上諸行無常也有靈界的觀點。從靈性的觀點來看，就能更清楚地看到世間真的是變化無常，沒有任何一樣恆定的東西，這就是諸行無常。

與此相比，諸法無我則是一個規模更大的輪迴。透過時間論來解釋的話，這就好比是一個巨大的圓形水車，水車在不停地轉動。水車上面一個個的水桶，會不斷經歷進入小河、舀水、再上升、回到水車上的循環過程。

在這個比喻中，諸行無常就是指進入小河的水桶，也就是現象界的部分，而諸法無我則是指水車的整體。如此思考的話，就比較容易理解了。

然而，這樣的解釋也有不足之處，畢竟這只是從時間論的角度所做的分析。諸行無常，是指在世間上，時間的起點與終點之間發生的事；但諸法無我，是指更大的時間循環，希望各位能這麼理解這兩者。

## 3・「空」之一——靈界與世間的循環

關於諸法無我與「空」的相關部分，我將從以下三點來進一步說明。

第一點，我將從世間與靈界的關係，來解釋這個「空」。請各位回想自己去電影院看電影的情景，在二次元的平面銀幕上，上映著許許多多的場景。比如說正在上映《回到未來》，就會出現主角乘坐時光機回到過去，化身牛仔，被印地安人追蹤的西部片場景。

觀看電影時，有一種非常逼真、身臨其境的感覺，而且，不由得手心捏一把汗，心裡一直支援著主角「加油啊！別被射中啊！」但這實際並非是真人所為，而僅是銀幕上的影像而已。現在只是在放映膠卷上的影像，然而在觀看過程中，因為觀眾太投入感情，產生了身臨其境的感覺，就以為自己是劇中人物，所以一直為主角加油，彷彿自己就變成了主角。

從靈界當中觀看世間的姿態，實際就很接近這種感覺，即能看到電影般的影像。從實在界，即靈界的角度看來，世間的生活是如夢似幻，非常不真實的。

人宿於肉體之中，經歷著種種的煩惱、痛苦、喜悅，從而度過一生。當生命結束，回到舞臺幕後時，才終於明白人生只是一場戲。在舞臺上，大家努力地扮演著公主、國王、士兵，或印第安人的角色，但等到戲劇謝幕後大家都回到化粧室時，劇中被殺死的印第安人又活過來了，被砍頭的主角也高高興興地回家了。

就像這樣，做為戲劇、電影而上映的情節，其實不是真實的，而是虛幻的生活，這就是世間的生活。

而現在，各位的守護靈正從靈界當中看著這一切。守護靈，那留在靈界當中的各位自身的一部分，正在看著投影於世間的各位，即看著各位在螢幕上活躍的身影，並一直在聲嘶力竭地為各位加油。

不過，雖然以前對著電影螢幕說話也沒有反應，但如今卻有著同步衛星實況轉播的技術，即便是實際無法觸及的世界，互相也能夠透過影像向對方說：「加油！再加把勁！」甚至有時還可以打電話過去，這就是靈界和世間之間的關係。

此外，在世間修行了幾十年，回到靈界以後，這一生的影像會被投映在螢幕上，影或者是鏡子裡。就如同觀看電影一般，各位的一生也將被濃縮成一個小時左右的電影供大家觀看——「你的一生就是這樣的。這部電影是精彩的呢？還是無趣的呢？你的表現是好還是不好呢？」電影的底片就儲存在各位的靈魂深處，可以隨時取出來觀看，供大家觀看——那就是各位的過去世。

方才我講述了「從靈界當中看到的世間姿態」，我們正是來往於世間和靈界的存在，在世間當中穿著名為肉體的外衣度過生活。這個肉體，就相當於布偶娃娃一樣。或者說，這個肉體部分就好比是各位登臺表演時所穿的衣服，僅代表各位所飾演的角色，而並非是各位的本質。從舞臺回到幕後時，各位就會回到平常的生活中。這個普通的日常生活，即是靈界的生活。

總之，在世間各位認為真實的事物，實際是不真實的，那只是虛幻的表演，而回到舞臺幕後的生活才是真實的生活。然而，僅有回到幕後的生活才是真實的嗎？也不盡然。即便回到了幕後，有時還是要登上舞臺，繼續做演員。有時會扮演印第安人，有時會扮演孔雀，還有時會在空中飛翔，這些也是能夠實現的。

因此，登上舞臺時，能夠盡情地演戲，並成為電影的演員，但謝幕以後，又能回到平常的生活，但也不會一直留在幕後，有時還會來到臺前。這就是「色即是空，空即是色」的解釋。

色即是空當中的「色」，就是指物質，或者是肉體、世間的存在。這個「色」——世間的存在，其實是劇中的一幕。回到舞臺幕後時，演員又會回到平時的面目，這就是「色即是空」。然而，回到平常的生活以後，一旦到了演戲的時間又要重新登上舞臺，再次扮演角色，這就是「空即是色」。這兩者都是真實的。

因此，「空」的思想，就是解釋來往於靈界和世間之間的過程，這是關於「空」

的第一個說明。

## 4・「空」之二——佛之光和物質化

現在要進行第二點的說明。

那麼，只有這般隨著時間的流逝，不斷來往於世間和靈界的過程才是「空」嗎？也不盡然。

眼所不見的存在轉化為眼所可見的存在，或是眼所可見的存在變成眼所不見的存在，其實不經過時間的歷練也是可以發生的，這就是所謂的「物質化現象」。

在幸福科學，也經常出現天降金粉的現象。但這些金粉，並非是透過煉金術等製造出來的，而是從空中飄下來的。金粉彷如泉湧一般紛紛飄下，掉到信徒的手掌心、臉上、肩上等，有時還有更大片的金粉出現。

若是知道現實當中存在這種的物質化現象，就會理解世間原本存在的自然物質，或者說沒有經過人為加工的各種成品，真的有可能是從空中降落下來的。

所謂奇蹟，一般都會經歷這樣的過程。例如在《出埃及記》中，講到了摩西與以色列的人民在荒野之中漂流，正當大家飢餓之時，食物就從天而降的故事。這般的物質化現象是真實存在的。

從眼所不見的世界當中，突然出現現實的物質，也就是物質化，用顯微鏡來觀看，金粉確實就是金子。不過，一般經過一週左右以後，它就會如同雪花一樣融化消失。有時是金子，化驗時明明發現它確實含有黃金成分，但很快它又消失了。換言之，世間的物質存在，其實是可以透過靈性的能量創造出來的。

疾病也是如此，若身體的某個部位出現病症，比如體內患有癌症，其實也是一種靈性作用、異物進入了人體所造成的。

反之，宗教中也常有疾病治癒，癌症消失的現象，還曾經發生過這樣的奇蹟：「原本腹中長了一個大腫瘤，但一下子就消失了。前幾天還有癌症的病灶，但現在再照X光，卻消失了。」這也是對「色即是空，空即是色」的解釋。

因此，眼所可見的存在，可能是從眼所不見之物當中出現的；而現在眼所可見的，也可能消失在眼所不見的世界；疾病時有時無的現象也是如此。正如上一節所述，有一些現象，並非是像人生歷經幾十年來往於世間和靈界，而是出入於「現在」，出入於物質化和靈性世界；這也解釋了「色即是空，空即是色」。

在最先端的物理學當中，也有很多這樣的實例。提及基本粒子的世界，物理學家似乎還並不理解，對於時有時無的現象，物理學者也常說「彷彿幽靈一樣」。因為它既像光、又像粒子、像光波，時而出現，時而又消失，並可以穿越牆壁，真的就像幽靈一樣。

若物理學進一步發展到接近於「空」的理論時，就能夠進行科學性地闡述了。

本節列舉了金粉和疾病的例子進行說明，但若進一步理論性地概括起來，即是《黃金之法》（台灣　華滋出版）當中所講述的「佛光物理學」。屆時，就可以透過佛光解釋一切事物。

當佛光停在靈性的狀態時，是做為實在界的存在。但若是停在比重較大、波長雜亂的狀態，就會降臨下來化成物質，變成現象界的存在。

有一種思想是「靈肉二元論」。當然，稱為「二元」也沒錯，可以說「靈魂與肉體是不同的」。但反之，也可以說靈魂與肉體是相同的。

從世間的觀點來看，靈魂和肉體是不同的，但從更高層次的佛光物理學來看，這兩者都是透過佛光形成的。透過佛光形成了靈體，當這個靈體的比重不斷下沉，變成能夠耐受深海高壓一般的形態時，就會變為物質。

換言之，生活在物質世界的我們，就好比是爬行在海底的螃蟹。螃蟹的甲殼承受著好幾噸的壓力，卻可以毫髮無傷地生活在海底，而我們也是這樣的存在。在深海生活的螃蟹的甲殼，就相當於我們的肉體。因此，人體也能夠承受巨大的壓力。

如上所述，靈魂和肉體可以用二元論來說明，但同時又是透過同樣的材質構成的。以上就是關於「空」的第二點說明。

## 5．「空」之三——緣起的理法

接下來，我要對「空」進行第三點說明。

這是以往的佛教也常常會用到的說明方法，即透過「緣起」的理論來解釋「空」，也就是「實在的事物，或者說擁有實體的事物，是不變的。那是一個穩固的存在，是不會變化的。現實中一直存在的事物，才是實體」的思想。

然而，環顧世間的萬事萬物，卻沒有任何一個存在是實體。比如說一只手錶，看起來現在的確是存在的。然而為了製作這只手錶，背後經過了很複雜的過程。它的金屬部分或許不是產自日本，而是採自國外的礦山。將礦石進行精煉，然後才帶到日本，在工廠進行熔化之後才鑄造成型的。另外，製作零件和機械的內部是兩個不同的過程。製造玻璃也有工序，製造錶盤也需要技術。還有塗料，錶上面的塗料是怎麼生產的？錶盤上寫著數字，這數字又是誰發明的？或許是古代文明史上的人發明的。最後，機械之所以可以運轉，是因為有發明機械結構的人，有實際生產的人。為了量產，需要有工廠，還需要很多的勞動工人。就像這樣，各種因素的集結，才終於有了現在這只手錶的存在。

如果說它是一個真正的實體，那麼很久之前就應該存在了，但事實並非如此。很明顯，是許多眼睛看不到的東西集結起來，才有了這只手錶的。

如此看來，它並不是真正的實在物質，或者說擁有實體的物質，而只不過是人力勞動、零件和各種材料等集結而成的，現在暫時顯現為手錶的形態而已。一百年過後，這只手錶恐怕將不復存在，可能是某處遭到損壞、被分解扔掉，也可能會重新組裝成別的東西，或者是回歸泥土。

這與「諸行無常」的思想也有一定的聯繫。世間的萬事萬物，皆是沒有實體的，擁有實體的事物，應該是恆定不變的，但事實卻並非是如此。一切皆是由眼所不見的許多東西集結而成，並經過一個時間點，存在於現在的事物。就好比是新幹線經過城鎮的小站時，車站的工作人員拿起相機拍下高速經過的列車，但他只能拍到這一張，再想拍第二張時，列車就已經開過去了。現在這個時間點看上去是靜止的，但從時間的大河來看，這是根本不可能的，這就是「緣起」的觀點。

那麼，到底何謂「緣起」呢？緣起的法則，就是透過原因、結果的連鎖進行說明。這個原因和結果，在古語中常被稱為「因緣」。「因」，就是原因的因，也就是事情開始的緣由、開端，「緣」則是指條件；有了「因」和「緣」以後，才會產生結果。

比如說水的例子，用化學元素來表示的話，化學式是H2O，即水是由氫氣和氧氣構成的。然而，只要有氫、有氧就會有水嗎？也並非如此。要把氫氣和氧氣混合後放入試管，用酒精燈點火，經過燃燒，才能生成水，氣體瞬間變成液體。換言之，氫和氧是「因」，點火加熱是「緣」，即條件，才產生水這個「結果」。

植物也是如此，並不是有了種子就有花，也不是播下種子就能立刻開花。只有將種子埋在土中，攝取充足的養分和適度的水分，並接受到日照等，具備許多條件之後方能產生結果。這就是因緣的關係，因緣的思想。

因此，因和緣，兩者缺一不可。此外，切不可認為有了原因，就會立刻出現結果。為此，還需要條件的累積。

對於人而言，這個條件就是指修行。各位每個人的心中都有著佛性、如來的性質——相當於《楞伽經》中的「藏識」，或者是制止無明時的「阿梨耶識」（真諦三藏譯《大乘起信論》中為真妄和合識），「如來藏」、「自性清淨心」，或是做為九識說、無垢識的「阿摩羅識」，以及「真如」等——各位皆抱持著如來的佛性。然而，並不是說各位有著佛性，就都能夠成為如來，這就是對因緣的說明。

## 6．靈魂修行和薰習轉變之理

此處是很容易產生誤解的地方，在佛教當中，若是信徒都認為「原本我們都是與佛一樣的，既然是人人平等，那麼我們都是佛」，但如此一來修行理論就毫無意義了；這就相當於「有了種子，就會開花了」的想法。

然而，這是錯誤的想法。雖然各位都有著如來的種子，但為了讓種子開花，是需要一定條件的。正如開花需要條件一樣，人也需要努力精進，為此，還需要修行。在修行過程中，既包括學習知識，同時還需要實踐，且必須要不斷地磨練己心。知道這一點以後，才有可能獲得覺悟。有了如來的素質、佛性，再加以磨練，才可能產生覺悟這個結果，而這個結果，就是指成佛。

這個階段的修行，可稱為「薰習」。人們常說「薰習理論」，就好比是做煙燻鮭魚時，要用煙來燻烤，味道才能滲進去，這種滲透的感覺就是「薰」。此外，「習」就是滲透的習性，這就是「薰習」。

換言之，在世間數十年的靈魂修行過程中，人在世間學到各種東西，將直接滲透到靈魂深處。當它們到達了稱做「阿賴耶識」（注）的深層心理時，就將變成轉生輪迴中「業」的部分。若是沒有到達「阿賴耶識」就不會成為業，但如果一旦變成了業，靈魂就會一直帶有這種傾向性，此時就會產生「薰習」。

這也可稱作是「薰習轉變的理論」。換言之，香氣滲透，附加上各種的條件以後，就會產生結果。說明到這哩，就可以解釋很多佛法理論了。

正如「緣起」的解釋所言，各種眼所不見的事物集結起來，便產生了結果。但這個結果，又將變成下一個原因，經過下一個過程，導致下一個結果。就像這樣，原因、結果，原因、結果……不斷地累積，就構成世間上的萬事萬物。

有了他物——其他的原因和條件，既然要依存他物而存在，那就不是實體，因此就是「空」。於是，就產生了「空」的理論。

依存於他物的現象，可稱之為「依他起性」，也就是依存於其它事物的性質。這也可用作對「緣起」的說明——依存於他物而成立、存在的事物，不可稱為實體；憑藉他力而生存、存在的並非是實體。因此，世間的萬事萬物，皆是依靠他物而存在的，所以都不是實體。藉此，就產生「空」的理論，這是傳統的佛教教學中就存在的思想。

總之，對於「空」，第一點，是藉由關於靈界和世間的循環來進行說明；第二點，是藉由靈性能量轉變為物質、物質化的事物，亦將返回靈界的物質現象來進行說明；第三點，則是透過緣起的理法來說明。依靠他物而存在的事物並非是實體，亦不是本來的存在。

這三點就是對於「空」的代表性說明；雖然我講解得很簡單，但在傳統的解說書中，卻從未有過如此明確的說明。因此，這絕對是幸福科學的原創理論。

除此之外，還有人將「空」理解為「不執著」的人生信條。不過，對於「空」和「緣起」等教義，今後我還將會做進一步的解說。

（注）「阿賴耶識」一詞是引自玄奘三藏（六〇〇～六六四年）翻譯的《唯識說》，也就是潛在心的意思。在《唯識說》中，人的意識構造是由眼識、耳識、鼻識、舌識、身識、意識的六識，加上第七識——末那識，以及第八識——阿賴耶識所組成的，而阿賴耶識就是輪迴的主體。然而，若依據這個分類，幸福科學的四次元世界，即幽體部分為末那識；此外，五次元世界以上為阿賴耶識。但如此一概而論，對於佛性、神性的解說將會變得難以理解。如今，玄奘翻譯的「阿賴耶識」也被譯為「妄識」，原文同為alaya-vijnana；但真諦三藏（四九九～五六九年）翻譯的「阿梨耶識」（《大乘起信論》，即阿賴耶識）為「真妄和合識」，對八次元以上的世界也進行了解釋。而在禪宗也很重視的《楞伽經》中，「阿賴耶識」被譯為「藏識」，與「如來藏」（參照本書第十二章）被視為同樣的意識。此外，在真諦系統的攝論宗中，為了解決混亂，建立了第九識「阿摩羅識」，意為「自性清淨心」，心中的鑽石。

# 第六章
# 業與輪迴

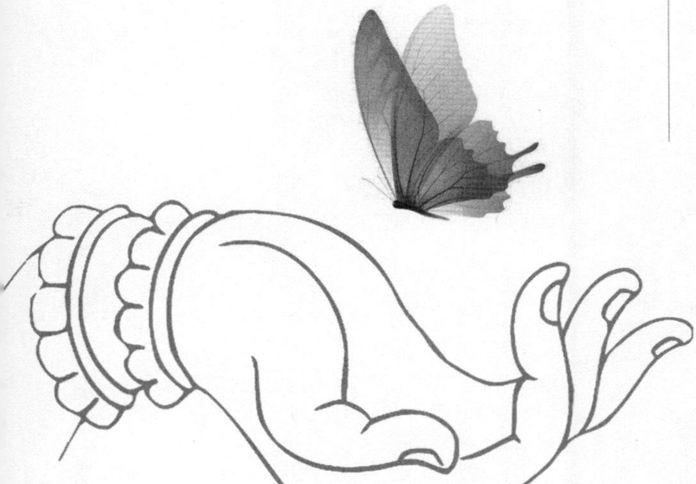

## 1．「業」和宗教

做為前一章「緣起論」的延長線，本章將講述與「十二緣起」相關連的——轉生輪迴的系統。

本章的題目是「業與輪迴」，想必各位也常能聽到「業」這個詞。所謂「業」，就是做為人而出生、成長、死去的過程中，所產生的傾向性。因為是一種傾向性，所以一旦形成後，就會以此為基準衍生出各種新的想法和行動。雖然是自己本身產生的靈魂傾向性，但最終卻將被它左右自己的想法和行動，這可謂之「業」。

事實上，對「業」進行各種分析，並教導何謂做為人的應有之姿、生活方式的，就是宗教。宗教超越道德的地方，就在從與來世的關聯中教導今生的人生態度；一面解釋今生與來世的關係，一面探究人的人生態度，這就是宗教的本質。

這是在哲學、道德，或醫學等當中不會教導的內容。宗教原本就是一門綜合學，是綜合性的人類學，亦是教導人們存活於天地萬物當中的人生態度之學問。

凡是學習佛法的人，都必定在某處看過，或聽過「十二因緣」的思想。因為有十二條之多，所以人們通常都記不清而經歷四苦八苦。這的確是很難記住，其原因在於，這不是釋迦原創的理論，而是後世的弟子們熱心於研究，不斷進行分析、分解之後，才增加到了十二條，這就是「十二因緣」由來的真相。

## 2・惑・業・苦——三道

釋迦在菩提樹下悟到的「因緣的理法」，即是「惑、業、苦」，這亦可統稱為「三道」。所謂「惑」，就是第二章中解釋過的「貪、瞋、癡」，也就是貪婪之心、憤怒之心、愚昧之心，即是指人的苦惱中心的「心之三毒」；這是困惑的中心、根本。

在被「貪、瞋、癡」所困擾的生活當中，就產生了方才所講的心靈傾向性，這就是「業」，即基於「惑」所產生的善惡的「業」。當然，既有價值中性的業，也有「待人和善」的良善傾向性。

不過，任其自然發展的話，會出現比較多不好的傾向性，這是人之常情。若是放任不管就能往好方向發展的話，人就不會受苦，也不需要宗教了。然而放任不管時，一般人都會往不好的方向發展，因此，「業」也多被用做負面的意義。

基於「貪、瞋、癡」產生了「業」，結果就將導致了「苦」，這個「苦」，當然在有生之年就會顯現出來。年輕時放蕩不羈的話，到了中年、壯年期就會自食其果。

比如說，年輕時暴飲暴食，年紀漸長後身體就會變糟。年輕時不好好學習，將來就會影響工作上的升遷，這些都是必然的。或者說年輕時出現家庭問題，晚年必將度過寂寞的人生。

就像這樣，「苦」的現象當然在有生之年也會發生，但這不僅是有生之年的因果，有時還將持續到來世。做為「業」之報應的結果，就是「三界流轉的痛苦」在等待著。

「三界」，就是指「欲界」、「色界」和「無色界」——「欲界」是以人的欲望為中心而輪迴的世界；「色界」是稍微脫離了人的欲望，較為精神性的世界；「無色界」則是脫離了人的屬性，梵天、如來的世界。

在「欲界」生活的人，還依戀著世間的生活。在此之上的「色界」，用幸福科學的話語來講，就是六次元的上層階段至七次元之間的世界，是懂得精神生活之重要性的人所居住的世界。再往上就是抱持著做為梵天、如來的自覺，八次元以上的人所居住的「無色界」。來世大致可分為這樣的三界，但通常都是在欲界——「地獄、惡鬼、畜生、修羅、人、天」等稱為「六道」的世界，再次經歷轉生。

因此，在轉生以後，有人常常會怨天尤人、責怪父母，比如「自己為何要度過這種人生?」、「自己的出身為何會這般不好?」、「自己為何是這種命運?」等等。

對此，有一個「不可對此怨恨」的理論——「你現在過著這種的人生，其實是你自己的前世所造成的；有了前世的因，才會有現世的果。不可忘記這個道理，將自己的不幸歸咎於他人或環境，更不可怪罪於佛。」

來世是確實存在的，即便現狀是痛苦的生活，但還會有來世的。若是考慮到來世的生活，就應該正確地看待現狀的自我姿態，至少不可讓現在的苦惱再變成來世苦惱的根源。

現在不切斷這種煩惱，日後就沒有機會了。因此，請務必在現世就斷絕這種苦惱的根源，斬斷來世不幸的根源。

這就是釋迦的教義。

## 3・五支緣起與十支緣起

「惑、業、苦」的理論進一步發展，就變成了「五支緣起」，我將分為五個部分進行說明。釋迦在世之時，就曾有如此理論。

首先是「愛」。在以前的佛教用語中，「愛」多被用作負面的意思，也被稱做「渴愛」。這就好比是渴了非常想喝水一般的感覺，或者是沒有吃早餐、午餐，所以到了吃晚餐時就狼吞虎嚥一般的感覺。這種貪婪感、被欲望驅使的狀態，就是「渴愛」的狀態。

其次是「取」（執著）。這是執著於某種事物，無法從腦海中忘懷的狀態。

隨著「愛」和「執著」的產生，結果就導致意味著困惑生存的「有」，以及靈魂的存在或傾向性。

這個結果，就是來世的「生」——誕生，連帶「老死」——衰老死去的痛苦在等待著。

就像這樣，將「惑、業、苦」的三大分類，進一步分成了五類。為了讓各位更容易理解，我將以食欲為例進行說明。

有人認為「世間生活的意義，就在於吃飯」，在此人看來，「只有吃飯才是人生的喜悅，否則人生就沒有意義。因此，將每晚可以享受美食視作是生活的意義」。這種人被食欲所佔據，一味執著於「想吃美味的食品」、「想吃法國菜、想吃中國菜……」。於是，在他的靈魂當中，就將刻印上對於食物的執著。

如此一來，因為回到靈界後沒有了肉體，所以雖然靈性中還有想要吃東西的感覺，但卻無法再得到滿足。因此，他就會希望再次回到世間，吃美味的食物，繼而誕生於世間。然後繼續在「我要吃，我要吃」的念頭中暴飲暴食，上了年紀以後就在痛苦中死去。如此循環往復，變成接近於動物的生活。

再比如說，對於異性的情欲。這種「渴愛」，就是見到異性後立刻眼睛一亮，覺得對方「實在是太美了」，感到目眩神迷，由此就產生了執著，開始身陷異性之間的關係中。跟食欲一樣，這種人總覺得「男女之間的連結是最美好的，最幸福的。除此之外，再沒有別的生活意義」。於是，這種欲望也將烙印在靈魂深處，形成「有」的狀態。換言之，這種欲望將確切地存在。

如此一來，回到靈界後沒有了肉體，此人就會感到非常寂寞，想要再次轉生到世間。他希望「回到世間，和異性過著愉快的生活，地上才是樂園」，繼而再次轉生於世間。然後繼續瘋狂地遊玩，並最終飽受蒼老死去的痛苦。

釋迦就曾說過「人就是在這迷惑的世界中轉生輪迴」，但他在世之時只講述至此。再後來，理論變得越來越詳細，產生了「十支緣起」的思想。

此外，「緣起」這個詞，是透過時間的觀點來解釋萬事萬物成立的狀態。此詞的由來，是源自「因緣生起」——因緣的產生和起源。換言之，是從因緣生起當中提取了「緣起」二字。

因此，有時說「十二緣起」，有時則說「十二因緣」，這兩者是區分使用的。嚴格地來講，「因緣」是指原因和條件，或是直接原因和間接原因。而「緣起」則帶有想像事物逐漸地形成並變化的狀態。

「支」，就是指「分支」，表示分類。既有分為五支的緣起，也有分為十支的緣起，還有「十二支緣起」，即分為十二支的緣起。

在此，我想要解釋一下「十支緣起」。所謂「十支緣起」，即是從「十二緣起」（十二因緣）中減去「無明」和「行」，從轉生之時開始的。首先有想要轉生的意識（識），其次是意識加上肉體的外形，形成了胎兒的「名色」；再次有「六處」（又名「六入」）——「眼、耳、鼻、舌、身、意」；有「觸」，即手、腳等的觸感；隨後是「受」，即感受性；進而是自己的喜好——「愛」的確立。確立了「愛」以後，就會產生「取」，即對於某種事物的欲望。繼而執著於此，就將形成靈魂的傾向性，也就是「有」。如此一來，還將有來世的轉生，有「生」和「老死」。這就是「十支緣起」。

為何要對胎兒的轉世過程，進行這樣的說明呢？這常常被稱作「胎生學的解說」。在釋迦時代的印度，解剖學已經相當發達了，當時經常對腹部進行解剖，並研究其內部。在當時來說，醫學和佛教學並沒有太大區別，同樣有著探究人類的態度。

「人為何要出生、死後又會怎樣？」這是一個很重大的課題。關於轉生的系統，當時的人們都很好奇，所以一直想查明這個問題。當時的那些醫學知識，可以說也對「十支緣起」進行了解釋。

不過，此處還存在一些問題。對此，我將透過「十二緣起」進行說明。

## 4・基於「十二緣起」的輪迴觀

首先，存在「無明」，即世間當中有著以「貪、瞋、癡」為中心的迷惑之念；然後，有了基於此念的行為——「行」，這個「行」即將變成業；業烙印在靈魂深處以後，繼而形成了來世轉生時的靈魂主體——「識」。

轉生時這種靈魂的「識」宿於體內，可稱之為「名色」。這個詞是原始語言的譯文，從古代一直沿用至今。這個「名」和「色」不是很好理解，通常代表著「精神和肉體」，或者說「心和身體」的意思，這就是「名色」的語源。

不過，這裡存在一個問題。按照這種解釋，是意識宿於胎兒的體內，成為「名色」，從而產生了「眼、耳、鼻、舌、身、意」等感覺器官。按照當時的轉生思想來說，透過精子與卵子的結合，在腹內受胎的階段靈魂就會進入身體。（這種思想稱為「結生識」）

這樣思考的話，理論上就能說通了。精子和卵子結合時，轉生的意識進入了腹內，隨後，意識及其相合的肉體，也就是胎兒的身體也相繼形成。接下來，「眼、耳、鼻、舌、身、意」，即眼睛、鼻子、嘴等感覺器官也明確出現。已經形成的感覺器官，進而可以接觸各種的物質，從而產生了感受性。就像這樣，在理論上是說得通的。

然而，就我的研究來看，一般是在第九週，進入第三個月時，靈魂才將宿於胎兒體內。若是對胎兒的形態進行觀察，就會發現一般是在第四週時，胎兒才會出現動物般的外形。雖然有了類似手腳、頭部和眼睛等外形條件，但做為人胎還沒有完全成形。到了第八週左右時，才具備了作為人胎的外形，能與動物明確地區別開來，有了眼、鼻、口、耳等感覺器官。進入第九週時，靈魂才將實際進入體內。我們家的孩子就是如此，在第九週之前靈魂還沒有進入體內。但即便如此，胎兒還是可以存活的。

我認為這應該是精子和卵子所帶有的生命能量，與母體所持有的生命能量相結合，為胎兒的肉體外形以及外在的幽體部分，提供了八週以內的「原料」，或者說「元素」。總之，啟動肉體器官的意識，就是在這段期間逐漸形成的。換言之，構成將來的幽體，以及掌控內臟器官和肉體的靈體的基礎，都是在這段期間形成的。在具備了做為人的外形以後，靈魂的本體才將進入體內，這就是胎兒形成的真實情況。

這樣看來，在「十支緣起」和「十二緣起」當中，以「識」為轉生的開端，認為「先有靈魂的意識進入，繼而產生了心和肉體，再出現六根」的想法，其實是說不通的。在「名色」的階段，意識還在靈界當中「待機」，但同時在腹內，肉身，即類似於動物的胎兒正在逐步形成。

因此，意味著「精神和肉體」，或者說「心和身體」的「名色」這個詞，還不夠確切。在真正意義上來說，代表肉體正在逐漸明確化的「明色」一詞，才更為準確。

可是，在學術上沒有這樣的用法，因此不推薦各位使用。但在真正的意義上來說，靈魂沒有進入胎兒體內，所以「名色」的說法是不正確的。

接下來就是「六處」，就是指從第八週到第九週之間，胎兒的手足、耳鼻等將逐漸成形。在這個階段，靈魂已經進入了體內，開始做為一個人來自我控制。

我的觀點是這樣的，直至「六處」之前，都是在胎內的過程，往後則是出生以後的階段。「觸」是指兩三歲兒童的感覺，「受」則是隨後到懂事的階段，也就是感受性變得豐富起來的階段。

不過，也有人認為直至「受」之前，全部都是在胎內的過程。做為胎生學的觀點，他們認為「胎兒在母體中就可以觸碰，擁有感覺」，從而將「受」之前的意識全部歸於母體階段，但我認為這是不成立的。

當胎兒出生以後，就會開始接觸、並感受各種物質。於是，感覺漸漸敏銳起來，能夠獲得各種感受，在這個過程中，還將明顯地形成好惡，這就是「愛」。從懂事開始，喜好就會很明確，這就是十二歲到二十五歲之間的青春期。少年、青年時期是「愛」的時代，換言之，就是明確地知道自己怎麼樣才會快樂，明白自己喜好的時代，這也是愛欲旺盛的階段。

然後，就是成為大人，產生執著的時代，真正出現執著的時代可稱為「取」；這是指二十五歲到五十歲的階段。

繼而，就是形成靈魂傾向，稱為「有」的時期，一般是在五十歲左右。聞此，或許有人會很失望；在十歲的時候，此人根本不知道自己將來會長大、變老、死去，或來世轉生時會變成什麼樣子。到了二十歲時，也還是不明白。等到三十歲時，此人的靈魂傾向性、器量和能力等已經很明確了，但因為今世的人生尚未定型，來世也就無從決定了。

然而，到了五十歲左右時，對於自己的能力、過去的工作經歷等等，今世的評價已經成型了，到了這時候，八成都已經定下來了。換言之，當被告知「你就是這種人」時，可以辯駁的餘地也只剩下兩成。在五十歲的時候，來世的情況已確定了百分之八十，但還有百分之二十掙扎的餘地。然而，等到棺木被蓋上以後，就不再有任何辯解的機會了。實在界的螢幕上將放映出自己的一生，於是就只能進入相應的世界。總之到了五十歲時，人生已所剩無幾，來世的「生」、「老死」（老病死憂悲惱苦）又將會開始。

此外，還有人將這個「十二緣起」進一步分類，認為有了過去世的「無明」和

「行」這個因，就有了稱為「識、名色、六處、觸、受」的果。此外，因為「愛、取、有」這個人生過程中產生的新原因，就有了「無明」和「行」，從而導致了「生、老死」這個果。就像這樣，因果是雙重出現的。

此外，因為是貫穿於過去世、現世（現在世）和未來世這三世之間的輪迴轉生，所以將之稱為「三世兩重的因果」，可謂是理論性非常強。佛陀的弟子們，多半是跟哲學家一樣頭腦聰明，所以就做了這般詳盡的分類。但也因此，讓後人背誦起來十分頭痛。若是能回到「三道」的階段，那就簡單多了。透過「惑、業、苦」來說明的話，立刻就能夠明白了。然而「十二緣起」，實在是難以記住。

## 5・探究三世靈魂的流轉

關於「十二緣起」，還存在一個很大的問題。

有了「無明」，所以就有「行」；

有了「行」，所以就有「識」；

有了「識」，所以就有「名色」；

〜

有了「生」，所以就有「老死」。

就像這樣，按照「有了原因就有結果」的順序進行分析，可稱之為「順觀」（流轉的緣起）。反之，亦有逐漸消除的方法。

沒有「無明」，所以就沒有基於無明的「行」；

沒有「行」，所以就沒有「識」；

（換言之，就沒有做為靈魂的傾向性）

沒有「識」，所以就沒有「名色」；

沒有「名色」，所以就沒有「六處」；

〜

沒有「取」，所以就沒有「有」；

因此既無來世的「生」，亦無來世的「老死」。

就像這樣逐漸消除的過程，可稱之為「逆觀」（還滅的緣起）。

（另一種觀點認為，存在老死，是因為有「生」；存在「生」，是因為有「有」；～存在「行」，是因為有「無明」，就像這樣由下往上的推法，稱之為逆觀。）

佛教學中通常認為「釋迦在菩提樹下開悟的時候，是從順逆兩個方向對『十二緣起』進行了思考，並檢視了自己」。

「人的轉生是這樣的過程：有了『無明』，才會有『行』～。有了如此的順序，才會有『生和老死』，這就是人生轉生的過程。因此，反過來講，只要消除了『無明』，一切就將隨之消失了。」——有許多佛教書指出，釋迦是進行這般的順逆觀以後開悟的，但這有點說不通的。

消除「無明」就可消除一切的理論，聽起來似乎有道理。但照此理論，開悟之後就一切全無了。於是，也就沒有來世的「生」和「老死」。換言之，沒有了「無明」，也就沒有基於無明的「行」；沒有了「行」，也就沒有「識」。按照這樣的理論消除下去，最終靈魂也必將會消失。如此一來，結論就變成了「覺悟是好事，但覺悟之後自己就消失了」。因此，人到底是為何而覺悟，就完全不得要領。

因此，很明顯這是後世的形式理論者所創造的理論。好不容易積累修行的結果，竟然是全部消失了，這實在是讓人難以接受。

如果說開悟者留下，未開悟者消失的話，還可以理解。就像是基督教所講的「不信仰者入地獄受業火焚燒，信仰者則得永生」，這雖然不正確，但在某種意義上至少是說得通的。

然而，這個消除「無明」的理論，搞不好就會讓人誤以為「開悟之人的存在本身都將會永遠消失，而僅有未開悟之人，才能透過做為靈魂的實體再次轉生」，所以這實在是令人為難。總之，這個理論是有其瑕疵的。

此時，或許有人會想諷刺道：「如此說來，『無明』本來就是無法消除的吧！」誠然，「無明」確實有可能是無法消除的，但各位卻不應如此理解，因為從「若是消除了最初的『無明』，就不會透過迷惑的生存，而產生迷惑的轉生輪迴」的這個角度，來看待這個「因緣」的理論才是比較明智的。也就是說，「基於食欲和性欲的轉生輪迴，帶著『懷念、迷戀世間』的想法不斷轉生，卻忘記了自己的靈魂故鄉是何處」，藉由消除最初的無明，如此轉生輪迴即會停止，這樣的觀點才是正確的。

這是以「十二緣起」為中心的說明，但也帶有佛教的特徵。從過去世、現世和來世這三世的靈魂流轉過程來看，其中又導入了醫學的思想，所以說也是一種很科學的理論方向。而且，此處亦有了探究原因，進行理論性、理性說明的傾向性。

「十支緣起」和「十二緣起」，它們本身並不是釋迦的思想，但這種分析的思考方式，以及建立系統理論的想法，卻又是釋迦本身的思考模式，佛教的理論模式就是如此。若將其導入現代社會後，我想佛教將會成為一門更為科學的、富有理論性的宗教。

將釋迦佛教和現代的佛教相對比，反而是現代的佛教更染上了傳統的習俗，缺乏理論的分析、科學的探討和醫學的研究。

但無論如何，在原因和結果的連鎖反應中思考人生，是一種非常重要的思考方式，也是佛教當中的根本性思考方式。

那麼，從本章的題目「業與輪迴」的角度，又可作如何解釋呢？

人是不斷經歷轉生輪迴的存在，因此，在思考現在這個時間點、現在的自己時，切不可只將座標軸限定於現在，而必須考慮到自己的過去世、來世是怎樣的。如果將來世視作為靈界的話，那麼下一次轉生於世間時，或許就要稱之為來來世了。而此時，就必須再考慮到與來世、來來世的關係。

這般思考的話，就可以確定自己現在的分數。

如果滿意度的滿分為一百分的話，就會有人得九十分，有人得七十分，還有五十分、十分……等等。那麼，可以對此有怨言嗎？

若是現在分數很低的話，恐怕是過去世出現了問題。因此，切不可放任不管，將問題一直帶到來世。為了來世不再有怨言，就必須在現在的環境中，盡自己最大的努力去獲得最大程度的覺悟。

這也關係到來世的幸福，當然，來世的幸福既是指回到靈天上界的幸福，也是指再次轉生時的幸福。

總之，幸福科學所教導的，就是這種更長遠的、廣闊意義上的人生幸福。

## 6．「靈魂兄弟姐妹的理論」與輪迴

在幸福科學的輪迴思想當中，還有一個在佛教時代尚未提及的內容，那就是「本體、分身」的理論。不過，做為相似的思想，以前有過「過去七佛」的解說，但嚴格來講，我認為這種解說並不夠透徹。事實上，還有著靈魂兄弟姐妹的存在。

對此，必須要做出詳細的說明才行。人們通常認為「人是做為單體的個性而轉生的」，但實際上，人原則上是由「一個本體、五個分身」構成的靈魂集團，並且是六人輪流轉生的。

如此一來，十二緣起的思想中又加入了另一個變數，做為靈魂集團的「十二緣起」，就隨之產生了。因此，從原本僅是個人的修行，變成了是靈魂集團整體修行的問題。換言之，一個靈魂此次轉生到世間生活時，他的人生態度和成績，亦將影響到其他靈魂兄弟姐妹的幸與不幸。透過此次的人生態度，將會改變到下一次轉生的靈魂計畫，或者說方向性。

對此，或許有人會感到難以理解，但是仔細想想，人有著心臟、肝臟、胰臟、腎臟等內臟器官，其中有哪一個是可以任由人的意志控制的呢？若是可以透過人的意志自由運轉和停止就好了，但事實卻並非是如此。如果要去一直計算心臟的跳動，恐怕就會夜不成眠了。然而，心臟的跳動與人的意志無關。因此，即便是自己的身體，也無法按照自己的意志運轉，身體的內部還有著各自獨立存在的個體；我們就是做為一個生命的集結體而存在的。而靈魂兄弟姐妹的集團，也是一樣的原理。

對於心臟在體內進行與自己的意志無關的活動，沒有人抱有異議吧！此外，對於肺臟自己在呼吸、腎臟自己在過濾尿液等，也沒有人存有意見吧！雖然各位並未特意發出命令，但它們卻自己存活著且共存著。

與此同理，靈魂兄弟姐妹也是在各自存活著的同時，共同構成了一個大的靈魂體。這跟內臟的例子是一樣的，與頭腦接近的部分是本體，其靈格也較高，能夠決定靈魂整體的進步。

因此，若是靈魂兄弟姐妹當中的一人墮入了地獄，就相當於身體的一個部位生病了。比如說，眼睛生病了、鼻子生病了，或是心臟、腎臟等出了問題。總之，某個部位生病時，全身都會感到難受。

此外，若是最重要的部位——大腦出了問題，就無法再繼續做為人的修行。同樣的，靈魂的本體也負有非常重大的使命。因此，很少有本體墜入地獄的事情發生，大多都是行為不端的分身墜入地獄。

當靈魂兄弟姐妹當中的一人墜入地獄時，靈魂集團的整體都會很痛苦。然而正如生病的人也能活下去一樣，即便是靈魂兄弟姐妹當中的一人墜入了地獄，集團整體還是可以存活的。其他的靈魂兄弟仍然還在工作，只是整體能量下降了不少。

就如同身體的某部位出現問題時，人們會想要儘快將它治癒一樣，若有一位靈魂兄弟姐妹墜入地獄的話，其他的靈魂兄弟姐妹也會為了拯救它而拼命努力。

關於從靈魂兄弟姐妹的觀點所看到的轉生輪迴，今後我還會進行更詳盡的解說。本章主要是基於「業與輪迴」這個基本原則，對佛教的理論進行了說明，希望各位能夠藉此加深理解。

# 後記

我在幸福科學講述的佛法真理，涵括了各個領域，而且內容龐大。但佛教的精神卻猶如樑柱一般，貫穿於其中。這就是超越宗派，跨越小乘、大乘佛教之分的佛陀的根本精神。

雖說都是佛教內容，但其中大量包含著後世的佛弟子們在兩千多年時間當中自行修訂的著作。因此，要從現代流傳的各種「佛教學」當中，讀取佛陀的根本思想是相當困難的。然而，若是反覆精讀本書的話，就會明白《覺悟的挑戰》正是透過佛陀自身進行的佛教解說。

佛法宏大無邊，宛如大海，但正如任何地方的海水都是鹹的一樣，我所講述的佛法雖然廣大，但任何部分也都帶有「覺悟的味道」，在宛如大海一般的覺悟之中，能夠孕育並棲息無數的生命。

幸福科學集團創始人兼總裁　大川隆法

# 覺悟的挑戰・下卷

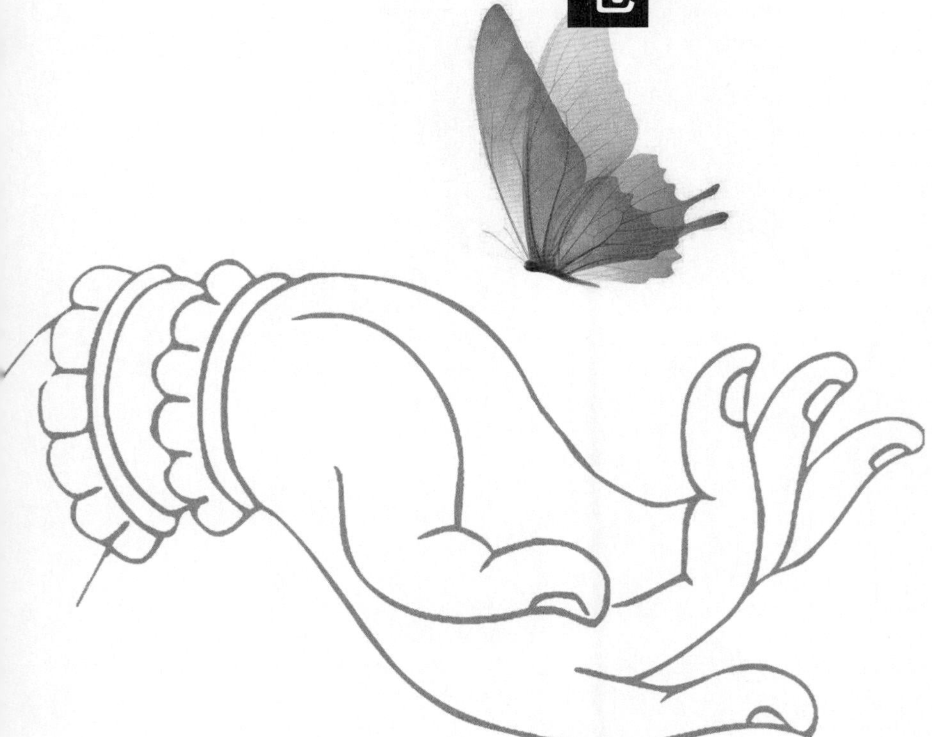

# 前言

承接上卷，下卷亦對中道論、涅槃論、空、無我、佛性論和佛教的核心理論展開了大膽的論述。藉此，可以說又增加了一部關於佛教精神的新理論著作，幸福科學的法理論也變得更加深厚了。

本書的論題是相當專業性的，但考慮到大多數讀者，特將其難易程度控制在比學術論文稍微簡單的範圍內。此外，儘管本書是以形而上學的探討為中心，但和我的其他著作一樣，採取了口語體，使其盡可能地做到簡明易懂。然而，本書中的理論要點都是現代佛學以及現代佛教的關鍵之處。即便是長年研究佛教之人讀完，也會感到恍然大悟——「原來這就是釋迦的本意啊！」敬請各位細心閱讀。

幸福科學集團創始人兼總裁　大川隆法

# 第一章

# 始於中道的發展

# 1．何謂中道

本章將以「始於中道的發展」為題進行論述。這是一個非常難的主題，縱然翻遍佛教系統的各種文獻及其教義，也沒有任何一處講述過「始於中道的發展」的內容。不僅是佛教，就我所瞭解，其他的思想也從不曾正面講述過這個主題。

因此，這個「始於中道的發展」，可謂是幸福科學獨有的主題之一。換言之，這是一個非常新的主題，亦是十分帶有幸福科學特色的主題。

首先，我想要開宗明義地闡述結論。所謂「始於中道的發展」，就是「在正確的姿態當中，以人格的提升和社會的繁榮為目標。換言之，做為一個人在今世的修行態度、姿態方面，一邊要追求正確性，一邊還必須以人格的提升和社會的發展、繁榮為目標」。「始於中道的發展」就是如此教義，這就是結論。

「中道」一詞，想必各位也有所耳聞。比如說，在政治關係上常會使用「中道政黨」。這裡的「中道」，是指「既非左翼也非右翼，而是中間派」的意思。當然，這種思考方式本身並沒有錯，只是做為佛陀的思想，「中道」並非僅是表達立場上處於中間的意思。

有一個與此相近的思想，稱作「中庸」思想；在此，我想先將兩者進行對比。

「中庸」存在於孔子的思想當中，此外，在堪稱近代西方哲學鼻祖的笛卡爾的思想當中，也存在中庸思想。

笛卡爾對此理解到了何種程度，我並不知道，我只知道他始終是主張「在遭遇各種人生問題的過程中，對於世俗之事要保持中庸，即依循常識性見解生活」。換言之，他的思想就是「人生苦短，無暇為何謂正確，或如何處理問題等瑣碎之事而苦惱。對於此類問題，最好是效仿具有社會常識之人的想法、良知來解決」。我認為此時的中庸，比較接近於「注重常識的思考方式」。

與此相對，佛教所使用的「中道」是否也是同樣的意思呢？當然，做為保持均整、平衡的常識性想法而言，它們也有著相似之處。但「中道」的「中」──「正中間」這個詞，在佛陀的教義當中，其實可以置換成「正確」一詞。

「中道」，即為「正確之道」，換句話說，「進入中道」也就是「進入八正道」的意思。所謂八正道，就是指正確地看、正確地想、正確地說、正確地行動、正確地生活、正確地精進、正確地思維、正確地入定等八個行為項目。這在我以往的著作中也有過說明，然而八正道本身，並沒有講述到底何謂「正確」。而實際上，這個「正確」就相當於中道的「中」的思想。

因此，知曉「中道」，就等於知曉「正確」。知曉「正確」，就等於知曉「到底何謂佛陀的覺悟」。

希望各位能站在這個角度，探究「究竟何謂中道」。此外，在探究中道之際，大致可分為兩種觀點。

第一種是做為實踐論的觀點，這是指具體的行動指標或修行態度、生活方式等意義上的實踐論；故第一是實踐論的中道。

另一種則是對事物的看法和想法等意義上，做為一種觀念的中道論。這也可以稱為價值判斷，即關於事物的看法、想法和做法的中道。

這兩種觀點是本章探究「中道」的兩大支柱。

## 2．做為實踐論的中道——苦樂之中道

首先，本節要講述「到底何謂實踐論的中道」。

這個中道的思想，最初又是源自何處呢？那正是釋迦本身在開悟的過程中獲得的覺悟，這是個不容否認的歷史事實。

喬達摩．悉達多，即釋尊，是地方貴族（釋迦族）的王子，轉生在當時名為迦毗

羅的王城，並且是國王的繼承人，成長於物質非常優越的環境中。他擁有夏季、冬季和雨季的三座宮殿，且每個宮殿都置有一房妃子。就像這樣，他度過了二十九年的舒適生活。

然而，在這樣的生活當中，他漸漸感到人生的矛盾、無常，因而踏上了探究內心疑惑的旅程。而當時，他的夫人耶輸陀羅，剛剛為太子生下了一個兒子，名為羅睺羅。

喬達摩放棄了繼承王位，捨棄了妻兒，拋棄了一切，決心出家，想要尋找一位能夠為自己解答內心疑惑之師。然而求師不得，他便開始自己獨自悟道，並持續了長達六年的苦行。

當時，他體驗了所有的肉體苦行。比如不斷減少食量，最終達到僅憑一粒穀物度日，餓得只剩下皮包骨；或者是將自己的身體埋在土裡，進行瞑想等等。總之，他嘗遍了各種各樣的苦行，但在肉身的痛苦之中，他卻並未能達到自己所追求的覺悟。

然而，這般的苦行並非是釋迦自己獨創的。迄今印度仍有著為數眾多的如此修行者，早在釋迦之前，這些苦行就已經有數千年歷史了。瑜伽，就是其中的一種修行方法。

就在他身體衰竭、生命垂危之時，一位名為善生的年輕村女給了他一碗乳粥。將粥吃下之後，釋迦豁然覺悟了——「迄今為止，我一直想要透過否定自己世間的生活、生命，從而追求覺悟。然而斷絕世間的肉身生命，似乎並不能使人覺悟。既然是做為人在世間享有生命的存在，就必定能夠在認同、發揮如此生命的過程中，尋找到人生的真諦、結論，及其意義。」

於是，他決定恢復自己的身體狀況，脫離極端的苦行，從而到達了通往覺悟之道。

然而，當時與釋迦一起修行的同伴們，看到他接受了村女供奉的乳粥以後，紛紛輕蔑道「他墮落了」、「他已經放棄了悟道」，因而離他而去。

這是因為當時的一般看法，認為「一旦在中途放棄苦行，此人就變成了與覺悟徹底無緣的墮落之人」。

事實上，後來在印度出現了一個與佛教勢力相當，形式也非常相似的宗教，名為「耆那教」。在耆那教的修行當中，崇尚極端的肉體苦行，主張「若是在苦行當中死去的話，就會成為聖者，即能成佛」。佛教與耆那教的思想是截然不同的，但做為傳統的苦行論而言，耆那教的思想是強有力的，所以從他們看來，佛教則是軟弱無力的。

然而，正是釋迦放棄苦行、追求覺悟的行動，為後來佛教教團得以健全發展、成為世界宗教打好了基礎。反之，一味崇尚苦行的耆那教，如今只存留於印度，而並未能傳佈到其他國家；也就是說，它缺乏了普遍性。

至此，釋迦得出了以下的結論：

二十九歲之前在迦毗羅城中度過的高雅生活，充滿物質和享樂的生活當中，找不到何謂人生真諦的答案。享樂當中存在的，就是人性的墮落，那是一條通往墮落，人格無法有任何提升的道路。在這種享樂的、滿足的、錦衣玉食的生活當中，根本無法獲得真正的覺悟，因為它否定了人格的提升。因此，在極端享樂當中生活，並不能引導人們走向真正的幸福，至少它不是通往冠上覺悟之名的幸福之道。

反之，長達六年的苦行之道，歸結起來也只是徹底折磨肉身，直至最終斷絕世間的生命。如果轉生於世間的人，自行了斷生命就是修行的話，那倒不如不要轉生比較好；從理論上思考也是如此，至於人為何而生，也就失去了意義。對於轉生的意義、人生的意義等問題，也無法做出回答，反而變成了一種逃避。

釋迦所做出的結論就是這樣；若是一味否定肉身的話，還不如不要轉生比較好，人生的意義就更是無從談起。

就像這樣，釋迦透過「在享樂當中無法提升人格」，否定了享樂主義，並發現了「在無盡折磨肉身的苦行當中，也無法磨練自己的知性、理性」。

仔細想想，就算是能夠坐在針氈上、持續單腳站立，或是像魚一般潛入水中，也絕不可能使人提升靈魂、提高認識力，以及知性和理性方面的發展。

首先，請各位必須要知道「在佛教的思想當中，去掉兩個極端，進入中道的行動原型，如今已是佛教思想的重要支柱」。

因此，源於實踐論觀點的中道，就是否定享樂主義和苦行主義的兩個極端，進入中間之道。但這絕不是「進入一條差不多的道路」的意思，而是否定了極端以後才出現的境地。換言之，這是明確知道「兩個極端之中沒有答案」之後所到達的境地，而不是被迫選擇差不多的生活方式，請各位務必認識到這一點。

這就是源於實踐論觀點的中道，即便在現代社會，這也可以成為追求覺悟之際的參考思想之一。

現代也仍然有許多人進行著苦行，在印度、日本，都大有人在。據說有人在山中行走千日之後，變成了阿闍梨。當然，此人的身體會變得強健，或是精神力也能得到鍛鍊，但這終歸是與覺悟無關的行為。此外，其他任何超人般的修行方法，實際也是與覺悟無關的。

另一方面，在墮落的生活，放任自己、隨心所欲地生活當中，也無法獲得覺悟，這是理所當然的事。

總之，各位必須理解這個實踐論的觀點，只有持有嚴於律己、進入中道修行的態度，修行者才能進入獲得覺悟的道路。

## 3．觀念當中的中道

### (1) 回歸白紙

接下來，我要講述對於事物的看法、想法的中道。這是更高層次的思想，對於修行者而言，亦是尤為重要的中道思想。

到底何謂想法當中的中道呢？簡而言之，就是「首先回歸白紙」。這個白紙在佛教用語中，也寫作「無記」——什麼都不記，即「不是原封不動地接受既成的觀念、概念和價值觀，而是回歸到一張白紙，透過自己的眼光，坦率地重新進行審視」的思考方式。

例如，從釋迦時代開始，印度就存在種姓制度——最高等的階層是稱為「婆羅門」的祭司階級和僧侶階級，次等的是稱為「刹帝利」的武士階級，第三等的是稱為「吠舍」的商人階級，第四等的是稱為「首陀羅」的奴隸階級，還有最低等的階級，叫做「賤民」。就像這樣，透過出身決定了眾人的貴賤之分。但對於這種思想，釋迦也坦率地提出了疑問和意見。

為何有人天生被視為尊貴的「婆羅門」，而有人卻生來就被指為貧賤的「賤民」呢？這和人的價值真的有關係嗎？

這樣的質疑，在當時來說是非常具有革命性的。對此，釋迦得出了以下結論：

「人應該透過自己的行為，成為婆羅門、剎帝利、吠舍，或是首陀羅。因此，實際為佛神貢獻之人方可稱為婆羅門，真正遂行武士工作者方可稱為剎帝利，實際從事商業活動者即可稱為吠舍，而本身墮落、敗壞，且行為遭人輕蔑者才被稱為首陀羅。人的價值並非是透過出身，而是透過行為、行動來決定的，這才是正確的基準。」

當然，這個行為也包括做為前提的意志。我方才所講的「回歸白紙的狀態，重新思考做為人的價值和生活方式」，就是這個意思。

事實上，現代也有許多這樣的價值觀。諸如「A有價值，而B沒有價值」的觀念，可謂比比皆是。職業是如此，男女關係是如此，年齡高低是如此，收入也是如此。此外，關於外形、容貌的好壞，世間也有著各種既成的價值觀。然而，這一切都必須透過白紙般的心，重新進行審視。

不過，這絕不是贊成懷疑論，或是主張懷疑一切，也不是崇尚透過懷疑，讓一切變得沒有價值體系，而是在說明不應以他人所講的為中心，而必須謙虛地、坦率地回歸到白紙的狀態，透過自己率直的眼光再度審視事物。屆時，勢必將看到不同的風景。

方才我引用了「種姓制度」的實例，現在再來看看學歷的例子。

社會上普遍認為，學歷越高越好。然而儘管有人因為擁有高學歷，從而提升了人格、提高了工作能力、對社會做出了貢獻，但也有不少人仗著學歷高而看不起人，盡給他人添麻煩。因此，學歷本身不存在好壞，用得好自然有益，用不好則適得其反。

財產也是如此；此外，對異性的愛情亦是一樣。愛情本身並沒有好壞，如果說愛情不好的話，人類就無法延續下去。然而，若是不由分說地肯定男女的愛情，恐怕又會出現很多的放蕩之人、墮落之人。

總而言之，就是「必須透過回到白紙的眼光，才能夠判斷那是否是真正使人向上的人生態度、是否是使人真正獲得幸福的道路。必須透過這種率直的眼光，重新審視世間的價值觀，並透過靈性的眼睛，提示真正的見解」。

以上就是對於想法當中的中道所展開的最初說明；我想這也是很簡明易懂的說明之一。

### (2) 斷常之中道

當然，對於中道的說明還有著更深奧的內容。比如說，這個中道的思想在歷史上是以怎樣的形式出現的？而在各種的看法、想法，或價值判斷當中的中道，又是如何展開的呢？我想要就此進行探討。

上一節講述了源於實踐論觀點的中道，稱之為「苦樂中道」，即「不苦不樂」，既非苦，亦非樂，也就是常說的「苦樂的中道」。

與此相對，想法當中的中道包含著一種名為「斷常的中道」的思想。所謂「斷」，就是斷絕的意思，而「常」，即是指恆常。因此，「斷常的中道」也可以稱為「不常不斷的中道」。接下來，我就要探討這個「斷常的中道」到底是指什麼。

在釋迦時代的印度，這個話題亦曾被廣泛討論。當時的主流思想認為，人的自我稱為「本我」，天神的存在稱為「梵天」，而梵天和個人的自我稱作是「梵我一如」——本來即為同一。

的確，靈魂的本質是與佛一樣的光，並且宿有佛性，所以從佛性的角度而言，梵天（相當於高級靈）與人的確是一體的。這個傳統的婆羅門思想，即便從現代人的觀點來看也是正確的。

然而，這個觀點固定化以後會變成怎麼樣呢？如果觀看現實社會，就會發現種種惡行正在上演。比如說有人殺戮，有人偷盜，有人侵犯他人的妻子，有人過著放蕩的生活，還有人害得他人破產，有著各種的生活方式。

看到這樣的現象時，各位就會明白世間有著形形色色的人，既有墮落之人，亦有失敗之人、慘敗之人，以及成功之人。若是不承認這種差別，一味地推行「梵我一如」的思想，人們就會傾向於藐視修行，甚至放棄修行、隨波逐流。

因此，當時釋迦堅持認為「這種將自己的自我存在，視作為完全等同於高級靈的觀點，是一種非常危險的想法。對此，必須要加以反駁。」

但同時，釋迦也知道人是靈性的存在，是往來於今世（三次元世界）與來世（靈界）之間的存在。於是，釋迦就提出了以下見解。

方才講述的「斷常」中的「常」——恆常的存在，就是指「人的自我存在、本身存在是恆常的，是一直持續的，始終不變的存在」。另一個「斷」——斷絕，則是指「人將以死亡為分界線失去自我存在。即人死後，自己就不存在了」。這兩者都是極端性的思想，前者是基於靈魂觀的傳統的婆羅門教的思想，而後者認為死後一了百了的想法，是當時已經萌芽的唯物論思想的一部分。死後就一了百了的思想，至今仍然有很大的勢力。對於這兩種思想，釋迦則提出了「斷常之中道」、「不常不斷」的思想。

也就是說「人並非是死後就一切完結的存在，而是『不斷』——無法斷絕的存在。然而，人的存在——各位所認為的自己，亦不會永遠這般存續下去。這絕不是說肉身不會死亡，而是說寄宿於肉身之中的存在，到了靈界以後就會變成一個截然不同的存在」。

總之，人在世間認為是自己的種種想法，都是以眼、耳、鼻、舌、身、意的六根為中心，從而產生的自我觀。即用眼睛去看、用耳朵去聽、用鼻子去聞、用嘴巴去嚐、用手去觸摸等等，以這六根為中心，進行各種的判斷、思考，認為「有」自己的存在。但這個「我」，並不是來世也會原原本本地持續下去。

所謂「存在來世的生命」，並不是指現在各位所認為的自己，將原原本本地前往靈界。事實上，在前往靈界時，現在的感覺器官將不復存在，而身體也會變為更加精妙的「靈體」。此外，變成了靈體時，最初還會跟人一樣持有五體的姿態而生活。但漸漸地習慣靈界的生活以後，就能夠完全脫離五體了。

所以說，你現在認為是「自己」的形態和姿態，並不是真實的你，而回到了靈界的你，才將變成自由自在的存在。換言之，「你」的存在本身將會繼續下去，但那個「你」不同於現在的你。

因此，「你的自我、你本身將一直持續下去」的「常住」——恆常的思想，以及「你死後將一了百了」——斷絕的思想，這兩者都是錯誤的。

為此，釋迦指明了「這兩者都不是真實的思想，我們必須進入中道」，這就是「斷常之中道」的思想。

### (3) 對無我的錯誤理解

然而，對於釋迦思想的真相，世間存在著錯誤的理解，所以就出現了我在上卷第四章中所提到的「無我論」。

有人就認為「釋迦否定了自我、本我的存在。既然沒有自我存在，那麼人死後就不可能繼續生存。」

但如此一來，釋迦講述的教義就變成了唯物論——僅物質、世間就是一切的思想；而這種思想，迄今依然盛行著。

與這般的靈魂否定論一脈相承的「無我論」，亦相當盛行，甚至寺廟的僧侶當中也有人認同如此理論。在大學的宗教系、佛教系等當中，亦在傳授這種無我論。我已經講過了，在這種思想之下遂行宗教活動、從事僧侶工作的人，死後都將前往地獄，因為他們在此處犯錯了。

「你的自我、你自身並非是恆常的存在。人不是一直存續的存在，但也不會隨著死亡而消失。恆常的思想是不對的，但認為死後一了百了的、斷絕的思想亦是錯誤的。事實上，人是在變化、轉變的過程中生活的存在。」這才是正確的觀點。

但因為不理解這一點，人們就認為「人非恆常，沒有自我存在。無我才是真正的人生真相」，進而變成了「人死後靈魂也將消失，來世亦將消失」的唯物論。

其結果如何呢？一旦這種唯物論盛行以後，人們就無法度過靈性的生活，而一味重視世間的生活，最終將導致一種享樂主義，變成任憑惡魔使喚的存在。然而，這是根本性的錯誤。

釋迦講述的「無我」，其實是這樣的——「人是無法獨自一人存活的，而是很多人互相協調而生活的存在。如果各位身在其中，每個人就會像牛或鹿那般頭上長著犄角，這些角就會相互碰撞進而傷害對方。這些角還會卡到各種東西，給自己造成痛苦。因此，若要和他人共同度過社會生活，就必須去掉自己的犄角、控制自己的犄角，並且調和自我」，這就是「無我」的教義。

「無我」，也可以稱為「非我」，即「我不是獨自一人的存在。我是因為眾多人的存在而存在的，我是因為佛讓我存在於世間才能夠存在的，我是無法獨自存在的。當抱持著『非我』的態度生活時，才有著一面使自己成長、一面與他人和諧共處的道路」——這就是釋迦所教導的內容。

然而，這種非我——「因為自我的意念會製造執著，所以必須將其去除」的教義，卻被人們曲解為物理上的無我。我想各位也十分清楚，這種理解就是缺乏智慧的表現。這是佛教歷史上最大的污點之一，而且現代還在持續著，甚至有很多著名的學者也信奉這種思想。

然而，從釋迦思想的「不常不斷」——既非恆常、亦非斷絕的「斷常的中道」的觀點來看，就會很明確地知道他絕不會支持「死後一了百了」的想法，這根本不是他所持有的思想；此處亦存在疏漏。

因此，現在還有一些所謂的宗教學者或宗教團體，在批評正確宗教時，拿出這個「無我論」，指出「佛教是否定靈魂的，所以既沒有靈魂、亦沒有來世。因此，你們的宗教是錯誤的」。但對於這樣的論調，必須透過方才所講的理論，與其堅決戰鬥到底。

若是沒有靈魂的存在、沒有靈界的存在，那麼宗教就不會有立足之地。如果僅是世間的人生態度，依靠道德就夠了，根本不需要宗教。宗教之所以會存在，就是因為有著靈界、死後的世界、靈魂的世界，人們想要對照靈界來思考今生的人生態度時，宗教方才能成立。因此，千萬不可輕易接受這種否定宗教成立之根基的思想。

各位幸福科學的信徒在傳道的過程中，想必也曾遇到過這種基於無我論的「無靈魂論」吧！屆時，各位必須要堅決地予以否定。不管對方是僧侶、宗教家，還是宗教學者，對於這般的根本性謬誤、無明，一定要堅決地將其粉碎。

這些人總是容易陷入極端的思考——自己是否會一直存續，還是會消失殆盡，但這種極端想法，絕不可能教導人生的真相。因此，想法之中的中道是至關重要的。為了實現想法之中的中道，就必須回歸白紙般的狀態，認真地進行思考。

## (4) 有無之中道——何謂「空」

關於想法當中的中道，若是從傳統的思想當中再舉一例，還有「有無之中道」。

「有」即是有著，「無」即是沒有，所以「有無的中道」就是指「非有非無的中道」——既非有，亦非無的中道。

這就好比說是關於物質是否存在、人是否存在，即「是有或是無」的爭論。這種爭論，從當時的印度一直持續到了現代。但對於物質存在與否、人存在與否，想要立刻得出結論，也是一種極端的想法。對此，釋迦也持有鮮明的態度。

「我們眼中所看到的事物、看似穩固存在的事物，看上去的確是存在的，這是無可否認的事實。若是實際觸碰的話，它還會發出聲音。總之，它的存在是無法否定的。然而它的存在，並不代表它是真正的實體、真正的實在。」——這就是釋迦的想法。

「那麼，不是有（存在），就是沒有（不存在）嗎？桌子是不存在的，人也是不存在的嗎？實際亦並非是沒有、不存在。」教義的說明，就是始於此處的。關於存在與否的議論，最終產生了「空」的思想。

換言之，如果承認靈性世界、靈界的存在，對於「空」的說明就會變得非常簡單。「總之，世間的物質存在，並非是本質的、實體的存在，亦絕非是無法改變形態的存在，或是常住的、實在的存在。唯有靈性世界、靈界當中的存在，才是實在，而世間都是虛假的存在。」若是從這種靈性觀點來解釋，「空」就是這麼簡單的思想。

然而，對於普通人而言，就是無法理解靈性世界、靈界，所以不得不將「空」

的思想轉化為世間的思想進行教導。因此，儘管「世間是虛假的存在，而靈界才是真實的存在」，這般的靈界說明是非常簡單易懂的，但對於無法理解靈界的人而言，「空」的思想就變得非常複雜了。

因此，為了讓世間之人，比如不瞭解宗教之人，也能理解「空」的思想，就應該進行如下說明。

比如說，先試問「長良川這條河，是否真實地存在？」

首先，有人說：「長良川是存在的，它是實在的。」那麼，此人就必須把長良川拿給大家看。然而，哪個是長良川呢？比如汲一桶長良川的水，告訴大家：「這水就是長良川。」那桶水就能夠稱之為長良川嗎？恐怕不行吧！這雖是長良川的水，但卻不是長良川本身。此外，抓一把長良川的砂子，就能說「這就是長良川」嗎？應該也不行。

再比如拿出一張地圖，說「長良川是始於這裡、流入這片海，總共是如此長度的河流」，那就能算是真正地解釋了長良川存在的實體嗎？也並非是如此。

那麼，究竟什麼是長良川呢？

如果讓河流停止流動，在上下游將水停住，不讓一滴水流出來，再把土和水都原封不動地拿出來，說「這就是長良川」，這樣總算是將長良川解釋清楚了吧？然而，真的能夠讓河流停止嗎？當河水停止流淌時，那還能稱之為河流嗎？不能吧！屆時就只是變成池塘或是湖水，而並非是河流。

於是，議論的焦點就轉移到了「長良川這個名字是有的，但它本身是否是實際存在呢？」誰也無法拿出長良川的實體來加以說明。然而，人們都用長良川的名字來稱呼它，所以就認定它是存在的。

就像這樣，世間的存在都有著名字，看似都是存在的，但誰也無法提取其實體進行證明，就更別提拿出一個「不變的存在」展示於大家面前。

「人」也是如此，人每天都有新的細胞產生，老的細胞死去。在人體當中，不曾留下任何一個出生時所帶有的細胞，十年前的細胞也沒有存留下來。此外，骨頭在變化，腦細胞也在變化，人體每日都在更新。

如此看來，若是有人問及「你究竟是什麼人？能把你自己展示給我看嗎？」等你要展示自己的瞬間，就已經發生了變化。

總之在這個世間當中，就算是被要求展示「這就是真正的你」、「這個就是稱為你這個名字的人」、「這個就是長良川」，也沒有任何一個能展示出來。

萬事萬物都處於變化之中，一切事物都會不停地變換，這就是「一切無常」。這個「無常」——不斷變化、沒有恆常的狀態，也可以用「空」一詞來表示。

正如無法定義「這就是長良川」、「這就是你」一樣，我們也不能斷言「昨天的你、今天的你和明天的你，完全是同一個人」。昨日的肉體與今日不同，明天的肉體也將發生變化。吃的食物不同，細胞也會出現變化。

此外，如果說「去除了肉體，心才是你本身」的話，那麼昨天的你、今天的你和明天的你，就擁有同樣的心理狀態嗎？昨天的心情和今天的，應該是不同的；今天和明天也將會不同。即便是在同一天，現在和瞬間以後也將是不同的。如此看來，心也不是你的本質，既非是你的實在、亦非是實體。我們無法把心拿出來給人看，說「這就是我的心」。

「萬事萬物都處於變化之中」——這就是「空」。

不過，這裡對「空」的說明，只是為了讓世間的人更容易理解，從三次元的角度所做的解釋。因此也請各位務必要警惕，這一旦往錯誤的方向發展就會變成唯物論。對於初次學習佛教的人，可以這樣來解釋。總之這裡的「空」，就是為了方便世人理解而做出的解說。

真正的「空」不止於此。在世間和靈界、虛假的世界和實在界之間的關係當中所講述的「空」，才是真正的「空」。

那麼，透過這個「空」的觀點，可以說「長良川是存在的」嗎？這看似存在，但又在實際流淌著，因此也不能說沒有。那是否可以斷言「不能拿出真正的長良川，所以它就不存在」呢？但它也不可斷言。

那麼，既不能說存在、亦不能說不存在——長良川的本質就在於此。長良川就是如此的存在。這個既不能說「有」，也不能說「沒有」的狀態——這個中道當中才有著真實。

換言之，必須透過「有無的中道」看待世間的存在、人與環境、一切事物，還有地上的現象存在——這就是釋迦的思想。從以上的解說中也可以看出，這種思想的確是正確的。

所謂正確，並不是指「這個是對的，那個就是錯的」、「非此即彼」的意思。

總之，若是追求佛教上的正確，結果就是這樣的：「相對的事物，並非是實體。所謂『相對的事物』，即是『吾與汝，我和你的關係』、『這個物體和那個物體之間的個體關係』等，如此相對的事物就不是實體，與「空」的思想有所連結。」

然而，當否定說「這不是實體」時，出現於我們眼前的又是什麼呢？在否定相對世界的同時，又會出現絕對世界。換言之，這就是「靈性世界觀」。「『吾與汝』、『這個物體與那個物體』，這般的個別事物是分別存在的。」——這種的觀點就是相對觀，但捨棄相對觀時，「空」的世界就會開啟，在「空」的世界當中就能看到絕對的存在、絕對的世界。

總而言之，「空」就是否定世間的存在是實體的思想，或者說斬斷世間執著的思想。「去除對世間事物的執著之心、執念。當捨棄執念時，真理就會出現。」這就是「空」的思想。

## 4・三諦圓融

接下來我想就中道做進一步的解說。

關於上一節所講的「空」，中國的天台大師智顗是這樣認為的：「關於真理的觀點有三個部分，或者說有三個視點、三個自覺。那分別是『空諦』、『假諦』和『中諦』。」（「諦」就是「四諦」的諦，即真理的意思）他提出了空諦、假諦和中諦的「三諦」思想。

所謂空諦，即是佛教的本質，特別是大乘佛教的本質，也就是從對世間事物的執著當中解脫出來，引導人們前往實在世界的思想，即與大乘佛教的拯救論密切相關的「空」的思想，這是首要的觀點。

因此，「先否定世間的一切事物，主張『世間沒有實體、沒有實在的存在』，世間的事物沒有任何一個是實體的。我的肉身不存在，手錶、桌子，或是各位，也都不是真正的實體。這些都是不斷變化的、無常的存在，所以即便現在看上去呈現著某種狀態，但那也不是固定的存在。那不是佛所創造的事物，至少不是神有意創造出來的，而只是流逝過程中的瞬間。因此，若是想要知道本質、瞭解真相，就必須首先捨棄世間的觀點。屆時，真相方才會出現。」——這就是空諦。

然而，僅僅滿足於「空諦」會怎樣呢？世人就會一味地憧憬阿彌陀佛所在的來世、靈界，從而變得輕視世間的生活。正如釋迦進行肉體苦行時，也曾認為「斷絕世間的生命就是獲得覺悟之道」，並有過想要輕生的瞬間迷惑一樣，現實當中也存在這樣的修行者，覺得「否定肉身和世間的物質，就能得到真理」。

換言之，空諦雖是首要的真理，但若止步於此的話，世間的生活和修行就全都變得空洞無益了，所以斷不可如此。

因此，接下來就必須要否定空諦。於是，就出現了「假諦」——假定的真實，即「世間本來即是『空』，出現在世間的事物也是『假定』的，但也是存在的。人在世間進行靈魂修行，就必須承認這個假定的存在，並在其中生活下去。因此，絕不能一味地否定這種存在。人生的確是如夢如幻，但我們實際在其中生活也是不爭的事實。

所以說，否認這個事實也無法獲得真理。總之，否定空諦以後，將得到『假諦』——雖是假定的真實，但也必須考慮這個真實的人生。」這個道理在哲學當中，叫做存在主義。像這樣承認世間的存在，認為「世間對自身的靈魂修行是有好處的」，就必定能從中找到積極意義。沒有努力，就沒有做為人的進步，即必須承認世間也是一個虛假的真實。

然而，如此發展下去，世間又將會變成一個安逸的世界，從而迷失了靈性的真相。若是僅僅想著：「世間雖是虛假的，但生活很安逸，我覺得這樣也很幸福。」人們又會對世間產生執念，並且忘記了靈界。

換言之，進入空諦——完全否定的境地後，再對其進行否定，就出現了假諦——假定的真實。此後，還要對假諦進行否定。

否定假諦以後，又將出現什麼呢？那就是「中諦」——中之真實。既不執著於「空」，也不執著於「假定」，這個「中」當中才有著真實的生活方式。

這就是天台大師講述的空諦、假諦和中諦的三諦思想，而且，他認為將三諦融合為一才存在真實。這可稱之為「三諦圓融」（也稱「圓融三諦」），他還講述了「在這三種觀點相互融合的過程中，即可發現真實」。

因此總結起來，可得到以下的結論：

「靈界的確是存在的，對此不可不知。但與此同時，亦不可完全地無視世間的人生態度。世間的人生態度與靈界生活是密切相關的，在世間的人生態度也是至關重要的。人需要在世間進行靈魂修行，並磨練自己的靈魂。因此，各位必須重視世間，然而，此時亦絕不可忘記靈性的世界。總之，思考靈界之時不可忘記世間的觀點，思考世間的修行之際不可忘記靈界的觀點。雖然心總是徘徊於空諦與假諦之間，但不可停留在其中一方，而必須從雙方當中找到中間之道。在這種融合的境地當中，就會出現中諦。」

這個中諦，就是天台大師所理解的中道。他對中道的理解，歸根結底就是「在世間生活的同時，要知道靈界的真相。在知曉靈界真相的同時，還要在世間找到積極的生存意義，並不執著於此，而是關注靈魂的進一步發展。這種三諦圓融之後的中道生活方式，才是符合靈性人生觀的人生態度。」

這與本章開頭所闡述的「享樂當中無真實，苦行當中亦無真實」的結論，其實是一樣的。在享樂當中尋求真實的想法，必定會轉向唯物論的方向，從而認為世間就近乎於實在。反之，苦行的世界就會變成否定世間，所以若是進一步發展的話，就會變成否定肉體和物質的世界。

但這兩者之中都沒有真實，只有中道當中才存在真實。對此，本節透過空諦、假諦、中諦的三諦思想進行了說明，即不可忘記蘊藏著靈性實相觀的生活、世間的人生態度，並從靈性的人生、靈性的觀點進行的思考。

因此，如果說「此刻我在此」的話，就要時常不忘抱持著靈性的觀點，以及世間的發展、繁榮、進步的觀點，從這兩個方面看待「此刻我在此」的同時，並不斷努力精進，這樣才能獲得「始於中道的發展」。

# 第二章

# 小乘與大乘

## 1．菩薩的條件

本章選擇了「小乘與大乘」做為題目。

我第一次使用這個詞，是在幸福科學的第一次講演會上，也就是一九八七年舉辦的初次講演會「幸福的原理」；當時我講述了「從小乘邁向大乘」的內容。在此，我想要說明這個「小乘」和「大乘」到底是指什麼。

釋迦在世時，佛教教團的教義沒有小乘、大乘之分，人們都在釋迦的教導下學習並且傳道。換言之，最初佛教兼備著小乘和大乘的特性，但其主要形態是以出家修行為中心。在釋迦向出家修行者講述教義的過程中，弟子之間漸漸出現了實力的差距，而釋迦也承認了這種差距。

這種實力差距是根據什麼來決定的呢？其一是「法臘」，即成為弟子的年數；其二是覺悟的程度，當然這一點是更為合理的判斷依據。

幸福科學當中常提到「阿羅漢」（梵文「arhan」的音譯），是否變成了阿羅漢存在很大的區別，因為成為阿羅漢，就意味著完成了第一階段的修行。

修行者能成為阿羅漢的時間並無具體規定，這是依據此人的心境、學習方法而決定的。而且，要認定一個人成為阿羅漢時，首先是由師兄推薦「這個人已經成為阿羅漢了」，然後再由釋迦親自認定。

總之，釋迦教團對於弟子的判斷基準，一個是看修行的年數，另一個則是看是否成為了阿羅漢。

當然，除了阿羅漢以外，還有著許多階段。首先，最低級的階段稱為「預流」，即堅信佛陀的教義，剛進入修行過程的階段。

往上是稱為「一來」的階段，這是再一次轉生修行就能夠成為阿羅漢的階段，即「這一世或許無法成為阿羅漢，但因為做出了一定程度的努力，再轉世一次就有可能成為阿羅漢。」——如此程度就是「一來」。

再往上還有稱為「不還」的階段，這是累積到一定程度的修行，並確立了做為專業修行者的身份，與普通人有著明顯的區別。經過了五年、十年、二十年所掌握的修行態度、學習程度，不輕易退轉，這就是「不還」。

換言之，被迫在欲界六道輪迴的命運將於這一階段完結，來世就會前往精神性更高的世界——「色界」。其結果就是，今後不會再受欲望驅使而轉生到世間，所以稱為「不還」。因此，當下一次轉世時，就將帶著使命，有自覺地轉生到世間。（在佛教當中，曾教導「一旦達到『不還』的境界後，就不會再轉生。」但這種觀點是錯誤的。當時印度的轉生輪迴思想還認為「人死後四十九天之內，將做為人或動物再次轉生」，但這種想法也非常地極端。實際上釋迦的本意是「一旦達到『不還』的境界、精神高度後，就可以在高級靈界度過充實的靈性生活。然而，關於數百年後還將轉生世間的想法是一樣的。」）

不過，「不還」並非是終結，在此之上還存在「阿羅漢」的階段。也就是學習階段已經結束，為內心除垢的工作亦已經完成，開始從後腦勺發出後光的階段。而且大多數達到這個境界的人，心靈之窗已經敞開，能夠接收到守護靈的訊息。總之，到了這個階段，自己的煩惱就已經消除乾淨了。做為修行者而言，這就是最高階段了。自此為止，皆屬於個人的修行，做為每個人自己的勤勉學習，或是反省修行，就存在以上這些階段。

再往上的階段，就是菩薩界。菩薩，當然也是阿羅漢，若非是阿羅漢，就不可能成為菩薩。為了成為菩薩，就必須先符合阿羅漢的條件，並同時能夠教化和指導他人，實際擁有拯救力，並付諸實踐。一面維持阿羅漢的心境，一面累積拯救他人的實踐行為，並創造出實際成績，這樣的人才能成為菩薩。

因此，雖然有人不做修行，「從河中救起了溺水之人」也通常被稱為「菩薩行」，但這並不能稱為「專業」的菩薩。所謂專業的菩薩，首先在學習方面當然要紮實，並在一定程度上完成了個人的修行，此外還必須在拯救人類、救助眾生方面取得一定的成績才行。這就是成為菩薩的條件。有人無視自己的修行，光去拯救他人，雖然此人以為自己在救助他人，但實際上卻是很危險的事情。

這就是他力信仰的錯誤之處，很多人一邊說著「我來拯救大家」，結果卻在不知不覺中變成了純粹的買賣活動。在此人說出「我來拯救大家的不幸」時，或許是真的想要拯救他人，但實際上，對方卻並沒有獲得拯救。因此，這就不算是菩薩行。

比如說，有人對眾人說道：「從這塊土地噴出來的水是聖水，喝了這聖水、功德水，就能治癒疾病，得到拯救。」並且此人很努力地配發這種水，自以為是在遂行菩薩行。但實際上，如果這種水沒有真正的救治功能，那純粹就是詐欺行為。就像這樣，忽略自己的修行，還自以為是地拯救他人的人相當多，這是非常危險的階段。

（很多新宗教都降低了標準，誘惑眾人只要「引導他人」就能立刻成為「菩薩」。而這些「菩薩」在幸福科學看來，多數只有「五次元」靈魂的水準，其原因大多是依循教祖的低層次覺悟來判定弟子的水準。）

## 2・釋迦在世時的弟子們

總而言之，釋迦的觀點就是：「首先必須打造自己的話，人皆會變得自私。因此，教化和拯救他人是必不可少的。只有具備了這兩點，才能成為真正的修行者。」

當時，釋迦並沒有使用「菩薩」一詞，事實上，這個詞本身是後世才出現的，且主要是大乘佛教的人們在使用。人們將為了成為如來，而進行修行之人稱為菩薩。不過，如此思想在釋迦在世時就已經存在了。

當時的弟子們，進行了修行、學習、托缽，並且到四處傳道。而他們傳道的內容，就是給予眾人引導。在這個意義上來講，釋迦在世時就已經有了菩薩行。

在那個時候，釋迦就常常教導弟子「不可二人同行，必須一人前往」。換言之，「若是二人前往不同的地方，就能夠接觸、拯救到更多的人。因此，必須一人前往」。正因為一人前往，才能得到更好的修行，能夠沉痛地感到自己學習不足，必須忍耐孤獨、戰勝不安和無力的感覺，從而拯救眾生。因此，必須一個人出發。

若是二人同行的話，就會互相吹捧。比如說，二人可能會像演戲一般，互相抬舉「我們可是釋迦教團的高徒」。一個吹捧說「你真了不起，是釋迦的十大弟子之一」，另一個也不謙虛道「沒錯，就是如此」，如此培養出向眾人宣講的演技。然而一個人前往的話，如此演技就會失效，只能全憑個人實力。也因為這個因素，釋迦總是對弟子們說，做為傳道的精神「不能二人同行，必須一人前往」。

當然，耶穌基督之所以派遣弟子們二人一組去傳道，是因為曾出現過危害生命危險的事情。與此相對，釋迦教團的聲望高，即便是一個人去傳道也幾乎沒有生命的危險；這也可以說是熱愛和平的思想力量吧！（不過，釋迦在晚年制定了新規則，上午可以一個人到街上化緣，但是下午和晚上就必須要有同行者。出自《涅槃經》。）

因此，自我修行固然是重要，但拯救他人也是不可或缺的，釋迦在世時就是如此教誨弟子的。

在釋迦涅槃以後，弟子們齊聚一堂，對佛典進行了整理。雖說是佛典，但因為那時還沒有文字，所以大家就聚集在一個洞穴裡，背誦自己所記的內容。其中，阿難擔任釋迦的侍者長達二十五年，對佛經的內容記得非常清楚，其他弟子就聽他背誦，待大家確認無誤後就將其記住。還有一名叫做優波離的弟子，對戒律記得很清楚，所以關於戒律的部分，就以優波離所背誦的為基準，大家進行記憶。

當時，弟子的學習就是記誦經文的內容，也就是背誦釋迦說法的內容。此外，還有個人的反省行，以及對眾生進行說法的部分，這些就是他們學習的內容。

從這些方面來看，幸福科學的教義既有印刷成書，亦有錄製成錄音帶、錄影帶，對於弟子而言，可謂是實現了前所未有的現代化。一般來說，有了這些現代化的工具，弟子就沒有太多工作的餘地了。以前是因為沒有這些工具，所以需要弟子牢牢記住教義，以便能向眾人講述「在第一次的講演會上，釋尊進行了這樣的說法」。但現在有了錄影帶等，所以對弟子的要求也更高了，不僅要背誦教義，還要進一步解說其內容。或者說，光是講述內容還不夠，必須要進一步解釋該教義的本質，現今對弟子的要求已達到如此高的程度。

釋迦涅槃後，弟子們記誦他的教義，透過口耳相傳的方式將教義傳承了下來；而做為經書流傳下來，是經過二、三百年以後才出現的。比如說，在名為貝多羅樹的長條狀葉子上書寫經文，並在葉子上穿孔，將它們連接在一起，就形成了後來的「貝葉經」，也就是最原始的佛教經典。在此之前，全部是藉由背誦傳承下來的。

不過，當時的印度人背誦能力相當強，對細節部分都記得很清楚，常常是背誦的比寫下來的還要正確。

## 3．小乘佛教與大乘佛教

隨著時代變遷，弟子們開始擔心「如此下去的話，釋迦的教義有可能會流失」，所以就多次聚集起來，對內容進行了確認鞏固。最初是以形式上的鞏固，比如說，有著「比丘二百五十戒」、「比丘尼三百四十八戒」等嚴格的戒律。此外，還有人原封不動地保留釋迦生前的形式，以避免被篡改的危險，經文的內容亦是原封保留，以便完整保存釋迦的教義。

這些人在佛教的初期是十分強盛的教團，後期被稱為小乘教團。小乘教團的人們，是非常重視戒律和修行形式的集團。換言之，小乘的人們屬於出家教團，他們全部都是出家人。與釋迦在世時一樣，他們認為只有出家者才能進行修行、獲得覺悟，且遂行活動的主要目的，就是原封不動地維持釋迦當時的教義。

此外，這些內容做為經文流傳到現代，一般被稱為《阿含經》，或者是《阿含經典》。所謂阿含經典，就是對小乘佛教的經典的總稱。因此，「阿含」具有非常廣泛的內容。小乘信徒所信奉的所有經文，都可稱之為「阿含」。

阿含經典，大多是透過巴利文所編寫，巴利文是古印度的日常用語、會話語言之一。基於巴利文寫成的經文叫做《阿含經》，以阿含經為中心的教團就稱為小乘佛教的教團。

再後來，這種教義下傳到南方，史稱「南傳」，並稱此教派為「南傳佛教」，或者說「南方佛教」，傳到了斯里蘭卡以及東南亞各國。現今在緬甸和泰國也有許多的僧侶，他們都屬於小乘佛教，所以非常重視戒律，原則上還不允許結婚。小乘的原則就是「恪守以往流傳下來的戒律」，這即為南傳佛教。

此後，又漸漸形成了以梵文為中心的佛教經典。所謂梵文，就是在印度的語言當中，為了正式書寫經典而創造的人工語言。在這個意義上講，這與拉丁文有著相似之處。有許多大乘經典，就是基於梵文的語法寫成的。這就是「北傳佛教」，或者說「北方佛教」，也就是從印度的北部傳到了西藏、中國、以及日本的佛教。傳到日本的佛教幾乎都是北傳佛教，亦可稱作「大乘佛教」。

因此，從成立時間上來看，是先有小乘佛教，此後再經過了大約二、三百年，才出現了大乘佛教。大乘教團是在西元前一世紀到西元一世紀之間成立的。在這段時間所出現的即是大乘教團所編撰的眾多經典，但在此之前的二、三百年，主要是以小乘教團為中心遂行著宗教活動。

若以基督教來打比方的話，就是先有耶穌的教義，人們將這種舊的教派稱為天主教，後來到了中世紀，就出現了發動宗教改革的人們——新教。如今，這兩者是做為不同的教派在遂行活動。但從天上界而言，這兩個教派都是由耶穌進行指導的。由於時代改變了，耶穌認為「現在需要新教的思想」，所以就親自指導新教，派遣了光明天使來建立新的宗派。

小乘和大乘也有著相似之處。在初期的小乘佛教當中，有很多人曾準確地聽聞，並傳誦過釋迦在世時講述的教義，所以就以嚴格遵守的方式遂行活動。但這漸漸流於形式，流失了內容，亦失去了本來的精神，比如說佛教的慈悲精神等等，而僅僅流於形式了。因此，那時的佛教迫切需要進行改革。

換言之，大乘教團在當時是一種的新興宗教；由於「舊的佛教已經無法拯救眾生，所以需要建立新的佛教」，因此大乘佛教就漸漸興盛起來了。現代的新宗教、新興宗教，就相當於那時的大乘佛教。

## 4．拯救大眾的大乘佛教

那麼，大乘和小乘的內容，到底有何區別呢？

我想首先必須對這個詞進行解釋，所謂「乘」，就是乘載工具的意思。「小乘」

就是指小型的運載工具，而「大乘」就是指大型的運載工具；這就好比是車和船一樣。總之，當時是將教義（教理）比作乘載工具。

當然，小乘教團是絕對不會稱自己是「小乘」的。這是在大乘教團出現以後，才開始貶低前人說道：「他們是小乘，我們可是大乘，是大型的運載工具。」這麼說的話，更有利於自己的發展。換言之，是後來之人將前人稱為「小乘」的。

那麼，這些前人們是如何自稱的呢？他們稱自己為「上座部」，意思就是嚴格信奉釋迦教義的團體，屬於保守的一派。與這個「上座部」相對的，是「大眾部」；他們對戒律相對寬容，後來發展為大乘運動。（近來非常盛行「平川說」，認為大乘佛教是由在家信眾的佛塔信仰演變而來的。但這種說法是不妥的，大乘佛教擁有大量的經典，這一定出自專業出家修行者的工作。我做為一名宗教家，亦堅信「若是沒有一名建立強大能量磁場的宗教家，新的教義就不可能發揚光大」。光從對事物的崇拜當中，是不可能產生自發的宗教改革的。）

大乘教團稱對方為「小乘」，其實是在同情、蔑視他們。但究其原因，是因為「小乘教團只熱衷於拯救自己」。而且，這個「自己」僅限於「出家者」，只有出家者才能夠覺悟，只有出家者才能夠從痛苦中得到拯救。如此一來，在家之人就完全不能得救了。那麼，在家之人就只要對於出家者進行佈施、供養就好了嗎？這樣就夠了嗎？

因此，大乘佛教正是本著「拯救大眾」的宗旨，開始了宗教的民主主義化，也就是說，大乘佛教將焦點放在了在家之人身上。他們認為「只有出家者能夠得救是遠遠不夠的，這無法達到拯救世人的目的，我們還必須拯救在家之人」。正是這種包含了在家之人的教義，使得大乘佛教日益壯大。

實際上，大乘佛教得以興盛的背景當中，有著「出家者們一味追求自己的哲學和論理學，使得他們的話語失去了拯救他人的力量」，以及「他們被戒律所束縛，只流於形式主義」等現實原因。因此，新的佛教也就應運而生了。

小乘佛教主張「大乘非佛說」的理論，認為「大乘佛教不是釋迦的教義，不是佛說、不是佛教」。但大乘佛教，當然也是得到來自天上界的釋迦的指導才產生的，因此「大乘非佛說」是錯誤的。這個新的方向，也是從天上界降示、建立的。由此，大乘佛教才做為拯救大眾、大型的運載工具誕生了。

總而言之，小乘就是主張「必須自己出家、修行才可得救」，而大乘則是認為：「佛教的教義是大型的運載工具，所以不管是五百人還是一千人，只要坐上來都能被送到靈界的彼岸。因此，請坐上來吧！這樣就可以前往彼岸了。」教義是非常寬容大度的。

那麼，大乘教義是如何展開的呢？比如說，《法華經》的教團就是其中的代表宗派，他們主張「誦讀《法華經》就能得到拯救，只要受持就可得救，即便說釋迦的惡口也不會下地獄，但是說《法華經》的惡口就會下地獄。」對經文的崇尚達到了極端的程度。再比如說，淨土宗亦是如此；他們認為讀誦「淨土三部經」，即《無量壽經》、《觀無量壽經》和《阿彌陀經》，或是唱頌阿彌陀佛的名字就可以得到拯救；如此大眾化的宗教即可稱為大乘佛教。

然而，萬事皆有兩面性。小乘佛教嚴格奉行釋迦的教義，所以在某種意義上形態保存得比較完好，而大乘佛教大眾化的結果，不可避免地會變成商業化，成為「希望盡可能拉到更多的客人」的型態，並且越來越激烈。

比如說，由只要唱頌「南無阿彌陀佛」就可得救，升級到了「佛陀在各位唸佛之前就能感應到」，再到「只要發心就可得救」，甚至到了「即便是不發心，惡人亦可得救」，商業氣息越來越濃重。為了不斷擴大規模，做到了這種程度。

做為精神可以理解，但其結果真是如此嗎？他們並沒有嚴謹地去確認「對方是否真的得到了拯救」。大乘佛教雖然至此得到了極大的發展，但後來也漸漸墮落下去了。

佛教大致可分為大乘和小乘，但另外還有一個流派叫做密教。嚴格地來講，或許這是不可以歸入大乘佛教的。大乘佛教主要是在西元前一世紀到西元一世紀之間產生的，而密教是出現在西元七世紀左右的印度，比大乘要遲很多。

這個密教雖然也稱為佛教，但實際內容當中有著許多非佛教的部分，是以古印度的印度教的教義為母體，並以現世利益和靈能信仰為中心的宗教。因此，傳到了印度、中國的密教，嚴格來說，與釋迦講述的佛教有著許多不同之處。佛教為了留存下來，所以進行了變革，溶入於印度的傳統宗教當中，於是就形成了密教。

就日本而言，佛教為了留存下來，所以就接近神道教，後來又融入於修驗道之類的宗教，於是就形成了密教的形態。

然而，這個密教在中國的最盛期，以及傳到日本的空海大師之時，就出現了獨自的教義，轉變成一個應該予以好評的宗教。

但印度等國家原有的密教，後來變成了墮落的宗教，從而成為佛教走向末期的誘因。他們開始宣揚與釋迦的教義完全背道而馳的理論（比如，積極地肯定性欲），在行動上、在教義上都變得很極端，因此最終走向了墮落直至消亡。

## 5．上求菩提、下化眾生

前面講述了大乘和小乘的歷史，若是對其內涵的精神進行概括的話，那就是「上求菩提、下化眾生」。也就是說，向上無限地追求覺悟（上求菩提），向下盡可能地拯救（教化）更多的人（下化眾生），這句話可謂是濃縮了佛教的根本精神。

其中，「上求菩提」是小乘佛教的中心概念。一旦決心追求覺悟，就難免會想要避免和世間接觸，並最終走向做為出家者的修行道路。

此外，「下化眾生」就是一旦決心拯救眾人，就不能過度拘泥於戒律，而必須與眾人成為一體才能救人，或者說，必須盡可能地促使更多的人產生宗教心。如此一來，雖然釋迦講述了八萬四千條教義，但即便是降低水準到「那些教義都無所謂，只要有『南無阿彌陀佛』就夠了。只要有《法華經》就行了」，也必須要與更多人結下法緣。若是「下化眾生」發展到極端的話，就會走向這樣的狀況。

這兩種情況，過去的佛教都曾經歷過。而現在的佛教，也幾乎是失去了生命力。因此，回顧佛教本來的宗旨，就會很明確我們現在必須做什麼，那就是「上求菩提、下化眾生」。

人總是易流於安逸的方向，所以喜歡偏向某一方。當方向性定下來以後，就會比較輕鬆。

提及「上求菩提」，就有人說「明白了，追求覺悟就行了。既然如此，那我就斬斷世間的一切，躲在山裡去修行」。這在某種意義上是很輕鬆，但這麼做是放棄了對於世間的責任。有個說法叫做「十二年籠山行」，就是進入深山，不看電視也不看報紙，長達十二年，對人世間的事情一概不知，只是躲在山中的寺院裡進行修行。這種人的存在當然是不妨害別人，但是也毫無拯救他人的能力。

反之，「下化眾生」當然是好，然而隨處可見那些拼命商業化、世俗化的僧人，他們放棄了佛教本來的教義，既不進行學習，也不去修行，只是一味地推銷自己。這樣的僧人如今橫行世道，各位必須加以警惕。

因此，我們必須朝向統一這種矛盾的方向努力精進，並且不畏懼這種矛盾，切不可忘記追求這種統一性的姿態。

換言之，佛教畢竟是一個追求覺悟的集團，同時也是一個希望盡可能地拯救更多人的集團。這是佛教的根本思想中原本就存在的精神，兩者缺一不可。

此外，做為修行者，必須持有嚴格要求自己的態度，也就是說，在修行之心、追求覺悟的態度上，要嚴以律己。同時，為了拯救他人，必須以溫和的態度對待他人。這種「嚴於律己、寬以待人」的態度，其實就是「上求菩提、下化眾生」的態度。

但通常情況下，人們都是對自己鬆懈時，對他人也鬆懈；或者是對自己苛刻的話，對他人也苛刻。對自己鬆懈的人，對待他人也常常會說：「不用那麼努力啦！」這是必然的，比如說參加考試時，成績很差的人一般都會跟他人說：「不用那麼努力學習也無所謂，人只要擁有純淨的心靈就好了。」總之對自己鬆懈的話，對他人也會一樣。反之，對自己嚴厲的人，一心只想著考試，對他人也會要求：「不管是什麼樣的狀況，考試必須拿到滿分。」但這種想法也太偏激了，我們必須做到不偏不倚，並兼顧這兩者。

因此，做為基本的修行態度，重要的就是「在修行過程中要嚴以律己，絕不可放縱。同時，要盡可能對他人抱持慈愛之心。這種慈愛之心，也不能是單純的驕寵，而是要帶著智慧實踐施愛」。

小乘佛教和大乘佛教至今都還存在，但我們現在要做的就是回歸原點，朝向「我們既是一個追求覺悟的集團，亦是一個救助他人的充滿愛的團體」的主旨，努力融合這兩個向量。要將這兩者融合，就是修行者的決心。修行就取決於決心和態度，一旦放縱自己，那就會功虧一簣。

# 第三章

# 何謂涅槃

# 1・涅槃與解脫

本章將對「三法印」中的「涅槃寂靜」進行論述。

在三法印當中，第一個就是「諸行無常」。這是有關於「世間的一切都是無常的、不斷變化的，切不可執著於此」的教義；也就是解釋世間的虛幻，世事皆在變遷的無常性。

第二個是稱為「諸法無我」的教義，這與「一切皆空」的思想很接近。也就是說，「世間的存在，萬事萬物，一切皆為『空』。本來就只有靈魂存在是實在的，除此之外的事物都是沒有實體的」。

總之，「諸行無常」和「諸法無我」都是教導人們不可執著。

這個三法印的「法印」，就是指教義的印記、標記的意思，也就是說「講述這三個教義的，即可認定為佛教」的標記。這三個都是關於戒除執著的教義，代表著佛教的中心教義就是「斬斷執著」。

那麼，第三個教義「涅槃寂靜」，到底是指何意呢？這就是本章的主題。

首先，我想從「涅槃」這個詞的意思開始解說。「涅槃」這兩個字比較難寫，是來自梵文「nirvana」，或是巴利文「nibbana」的音譯，所以漢字本身並沒有特殊涵義。聽中國人讀這個詞，的確是和這個發音比較接近。

這個「涅槃」，在佛教中表示一種終極的目標。「涅槃」可以說是佛教的目標或目的。

此外，「涅槃」這個詞也可以用「解脫」來代替，這兩個詞幾乎是同義詞。

然而，嚴格來說，「涅槃」和「解脫」在語義上還有著若干微妙的區別。我們可以從動態的角度加以區分，「解脫的結果，或者說解脫之後的境界，可稱之為涅槃；而解脫本身是指達到涅槃的過程」。因此，解脫以後的結果就是涅槃。這兩者幾乎是同義詞，但還是能找到其細微的差別。

所謂「解脫」，就是指從世間的束縛、肉體的束縛當中解放出來，變得自由的狀態，即獲得靈性的自由，這就是解脫。此外，解脫以後的結果、達到的境界，就是「涅槃」。

## 2・佛陀之「燃燒之火的說法」

接下來，讓我就這個「涅槃」進行更詳細的解說。「涅槃」的語源「nirvana」，原意是指「吹滅」，或者是吹滅之後的狀態。在漢語中，也將其稱為「滅盡」。

若是問將什麼吹滅呢？那即是將迷惑吹滅。也就是說吹滅迷惑，或是象徵迷惑的煩惱之焰、煩惱之火。

到底何謂煩惱之火呢？其代表就是所謂的「心之三毒」——「貪、瞋、癡」。這三項可以稱為煩惱的代表。

煩惱，即是負面精神作用的總稱。正所謂「百八煩惱」，就是說煩惱太多以至於數不勝數。總之，煩惱就是人們產生的負面精神作用。諸如負面的波動、想法、思考方式，以及基於這些想法的行動，這樣的精神作用可統稱為煩惱。

做為煩惱的代表，就是名為「貪、瞋、癡」的心之三毒。換個詞來說，這也可以稱為「三火」——三種火。

那麼，這個「火」又是象徵著什麼呢？

佛陀曾有過一次著名的說法，稱為「燃燒之火的說法」，這場說法常常與耶穌的「山上垂訓」相提並論。

當時，在「事火外道」，即掌管火的外道（「外道」就是指非佛教徒），是以優樓頻螺迦葉、伽耶迦葉和那提迦葉，這三迦葉為首的三個兄弟，他們旗下有弟子千餘人。然而，當時僅有數十名弟子的佛陀，卻折服了崇拜火、祭祀火的迦葉三兄弟，於是佛教教團一躍發展成千人以上的教團。因此，佛教就一舉成名。
那時，佛陀將那些事火外道聚集起來，進行了以下的說法。

世界的所有都在燃燒。
縱觀世間，一切皆在燃燒。
萬事萬物都在燃燒。
那是透過何種火炎而點燃的呢？
那是藉由人心產生的煩惱之炎點燃的。
火，象徵著熊熊燃燒的煩惱。

切不可崇拜火。
你們是以崇拜火以為修行，
但火本身並不尊貴。
火本身，
就是你們內心的煩惱，
正熊熊燃燒的樣子。
不可尊崇這種火，

要撲滅這種火才為重要。

世界的所有，
都是因為你們的煩惱，
因為世人的煩惱而燃燒著。
這就是世間痛苦的根源所在。
唯有將這火吹滅的狀態，
才是靜寂、清淨、清澈的境界，
這才是修行者應該追求的境界。

因此，你們至今都在奉行錯誤的教義。
從今以後，要依循我的教義，
進行正確的修行。

釋迦就是以如此主旨進行了說法。我想這就是「吹滅」一詞的涵義。

總之，人充滿了「貪」——不知滿足的欲望，以及「瞋」——動輒發怒，即遇到不合心意的事情就大發雷霆，得不到想要的東西就怒髮衝冠；還有著「癡」——愚癡的代表。

這般的貪婪之心、瞋怒之心、愚癡之心，就是致使人們痛苦的元兇。

## 3．涅槃寂靜的境界

歸根結底，「涅槃」就是消除了以世間的肉身為中心的煩惱之後，所達到的狀態。我想各位應該明白，這其實和阿羅漢的境界是等同的。做為修行者到達阿羅漢的境界，也就表示獲得了涅槃的境界。

涅槃的境界，就好比是如下所述的感覺。

山腳下有一片靜寂美麗的湖泊，湖邊一個人也沒有，寂靜無聲。這片湖非常透明，清澈見底。若是在湖面泛舟，朝向湖底看去，可以看到白色的貝殼和砂石。

這些貝殼和砂石，其實代表了世間的痛苦。各位做為人在世間生活之時，常會遭遇各種的苦楚，很多人都在痛苦當中掙扎。然而到達涅槃的境界之後，看待世間的痛苦，就宛如透過清澄透明的湖水看湖底的貝殼和砂石一般，這就是「涅槃寂靜」的境界。

雖然還生活在世間，但並不會為痛苦糾葛不休，而是彷彿看著透明湖底中的貝殼一般，感到「啊！原來我是在這個地方痛苦啊！這就是肉體的迷惑所引起的！我必須遠離這些迷惑。從靈性的角度來看，就能看清自己的痛苦」，總之是用達觀的心態去俯視自己的痛苦，看透自己的痛苦。也就是說，用實在界的角度去看待世間自己的狀態和苦惱的根源，這就稱之為「涅槃寂靜」的境界。

因此，雖然在人生的旅途上會遇到各種各樣的痛苦和煩惱，但若是在活於世間之時，就獲得涅槃的境界，此人就能如方才所述，用實在界的角度去俯視自己的煩惱和痛苦，而並不會拘泥於此，即能夠跳出去看問題。若是成為阿羅漢，就能夠到達這般的境界。

## 4．兩種涅槃

本節將對「涅槃」進行更詳細地說明。

涅槃可分為兩種，涅槃的境界稱作「涅槃界」，所以也可稱為「兩種涅槃界」。

第一種是「有餘涅槃」，也叫做「有餘依涅槃」，不過，通常都稱為「有餘依涅槃」。「依」是指依據、依存的事物，也就是說，依存在某種事物上的涅槃，就叫做

「有餘依涅槃」（也叫做「現法涅槃」）。另一種涅槃叫做「無餘依涅槃」（無餘涅槃），是指不依存在某種事物上的涅槃。

那麼，它是依據、依存在什麼事物上呢？那就要看它是否依存在身體即肉體的外形上？是否存留了下來？換言之，若是進入涅槃境界時，還留存著身體，以及世間的精神作用、頭腦作用等人的屬性，或是身體的污穢，就稱之為「有餘依涅槃」。反之，若是沒有身體的污穢，那麼死後也將沒有污穢。在這種狀態下死去、進入涅槃，就稱之為「無餘依涅槃」。

「有餘依涅槃」，也可稱作「生前解脫」，即在有生之年進入了阿羅漢的境界。而「無餘依涅槃」，也可稱作「離身解脫」；所謂「離身」，就是指靈魂離開身體的意思。

這兩種涅槃的境界，分別稱之為「有餘涅槃界」和「無餘涅槃界」；所謂「界」，就是「境界」的意思。

這是兩種「涅槃」的形態。一般情況下，提及「進入涅槃」，常有人理解為死亡，但是，純粹的死亡並不構成真正的人生目標。佛教的前提是「在活著的時候能夠進入涅槃」，這亦是修行的前提。在有生之年能夠達到和死後的世界完全一樣的安寧境界，這就是涅槃的思想；所謂生前的涅槃，就是指這個意思。

除此之外，比如說還有「般涅槃」（parinirvana）；這個「般」，是梵文「pari」的音譯。有一部經文叫做《大般涅槃經》，在「般涅槃」前面加了一個「大」字，指的是「完全的涅槃」，或者說「解脫之人的死亡」。這跟普通人的涅槃境界有所不同，是指已解脫之人捨棄肉身的外衣，最終真正地進入了最後的涅槃。也就是說，般涅槃是指「已解脫之人的死亡」。

比如說，當甘地這般的偉人去世時，亦曾使用過這種說法。「進入般涅槃的境界」，就是指這般偉人的辭世。生前就已經開啟了相當覺悟的偉人，辭世時就可稱之為般涅槃。

## 5．何謂無住處涅槃

此外，與「涅槃」相關的詞彙還有「無住處涅槃」，本節將就此進行解說。

上一節講述了「涅槃」的涵義，以及「有餘涅槃」、「無餘涅槃」，這些詞都與覺悟有著密切的關係，並且屬於小乘佛教的思想。

「小乘」，就是指以出家者為中心的修行形式和教義；它是以出家者為主，對於在家人士則考慮甚少。與此相對，「大乘」是以在家者為對象的佛教；「向在家者弘揚佛法」，就是大乘佛教所展開的運動。大乘佛教主張「只將佛的教義限定於出家者的狹隘範圍是不可取的，應該向所有人敞開佛教的大門」，屬於對於在家者開放的教義。大乘佛教持有非常宏大的拯救觀點，不過，在修行方面就稍嫌薄弱。佛教當中存在這兩個方面，這一點在前章也有所敘述。

無住處涅槃，就是大乘佛教當中產生的關於涅槃的思想。

涅槃本來就是佛教的中心思想，在某種意義上說，這是小乘佛教的核心部分。也就是說如果以成為阿羅漢為目標，對此毫無保留地認同的話，大乘佛教就會失去其論據或根據了。若是各位都一味以透過修行獲得解脫、脫離肉體束縛為目標的話，那麼就無法興起對在家人士弘法的運動了。

那時，印度出現了大乘佛教中興的鼻祖，名為無著和世親（兩人為兄弟，西元四～五世紀的人物）。他們提出了「不對涅槃思想加以修正的話，就無法繼續大乘運動」，並主要宣揚了這個「無住處涅槃」的思想。

正如字面意義所示，無住處涅槃就是指「不停住的涅槃」，但這樣可能還不好理解。所謂「不停住的涅槃」，也就是既不停留在生死、亦不停留在涅槃的涅槃。

在佛教當中，「生死」一般是指輪迴的世界，即反覆在欲界的轉生。回到靈界、又降生到世間，如此不斷地轉生輪迴，被輪迴的桎梏所束縛的世界，就稱之為「輪迴的世界」，或者說「迷惑的世界」。這般的世界，常用「生死」一詞來表示。

他們開始提出「有一種涅槃，既不停留在迷惑的世界當中，亦不停留在小乘佛教所指的覺悟世界——清淨的、清澈的涅槃世界中」。

這是大乘佛教的菩薩境界，亦是積極達觀的涅槃觀。這種思想對小乘佛教持批判的態度，主張：「我們不願意如同小乘佛教那般，為了達到涅槃的境界而一味坐禪、過度安逸；也不願意死後回到靈界，一直待在與世間完全無緣的高級靈界。我們的主要目的在於拯救眾生。」

「既然是要拯救眾生，就是要懷著大慈悲，時常思索著拯救之事，所以我們既不希望在有生之年得到解脫，進入涅槃境界，亦不願意死後進入高級靈界，從此不思索拯救他人。事實上，即便是能夠成為如來、菩薩的人，也會刻意地前往迷惑的世界，比如地獄界、幽界、善人界等展開拯救工作，且是喜悅地轉生到世間，拯救地上的人們。雖然是達到涅槃的境界，但又不停留於此，而是超越生死、超越涅槃，一心朝向拯救邁進。透過慈悲，朝向拯救眾生的方向孜孜不倦地努力，這種的境界就稱作『無住處涅槃』。」

以上就是他們提出的見解。

與此相對，我認為無著和世親的這個「無住處涅槃」的涅槃觀是有缺陷的。若是依循這種的思考方式，涅槃本身的前提就不復存在了。

實際上，只有親身體驗過煩惱、肉體的欲望、痛苦的火焰，並且為消除它們而付出了努力的人，才能夠體驗到清淨的涅槃境界。正因為自己從那種痛苦當中成功脫離出來了，才能夠指出其他的人們被這種火焰所包圍的狀態，並教導他們「消滅這種火焰」。因此，若非親身體驗過涅槃的境界，就不會瞭解他人正被煩惱的火焰所包圍。

一般的宗教團體，都自稱是救助他人、行拯救之事。然而，若是對上述理論理解得不夠透徹，很多時候都是欲救人者本身處於急需救助的狀態中，有很多的宗教團體都存在這個問題。

大乘佛教的理想本身是很好的，但這其中還牽涉到拯救者一方的「質」的問題。這些人們若沒有體驗過涅槃的境界、從煩惱當中解脫出來的境界，就無法真正拯救他人。

因此，這個無住處涅槃的思想是非常有趣，並且也很不錯，不過，一旦放任不理的話，就有可能會出現放棄覺悟、一心只專注於事業活動的形態。若非是親身經歷過脫離煩惱的痛苦，就很難瞭解這種痛苦。

從大乘的觀點中產生如此的涅槃觀，這本身是非常值得肯定的，但如此觀點有其極限。不管怎麼說，一邊追求以解脫為中心的涅槃，一邊將自己在這種覺悟的過程中所經歷的事情教導給眾人，這才是身為佛教徒的應有之姿。

## 6．覺悟的高度和拯救能力

這就是幸福科學所講述的「利己即利他」的部分。

在利己的同時，也必須利他（「利」就是追求覺悟從而獲得幸福感），即發現引導他人的道路，並讓利己和利他兩者並存——這就是幸福科學的教義，兩者缺一不可。

在佛教當中常說利己（或者說自利），光是利己不好，盡是利他也不夠。只有在今生進行修行的同時，亦能夠幫助他人，兼顧到這兩者才能稱得上是完整的人；希望各位將這兩者當做為目標。

覺悟和拯救能力有著密切的關係。覺悟越高的人，或是越接近菩薩、如來境界的人，就越能夠向眾多人說法，教化並拯救眾人。因此，覺悟的高度實際上代表著拯救能力的增強。而覺悟程度低的人，比如說若是想要透過四次元、五次元的覺悟努力傳佈佛法，其實也無法拯救很多人。因此，切不可忘記「覺悟的高度決定著拯救的能力」。

在宗教團體當中，小乘和大乘的觀點常會發生衝突。經常可以看到不是偏向某一方，要不就是偏向另一方，讓人感覺有些半調子。然而克服這兩者之間的矛盾，就能看到中道之道。

若是一味追求自己覺悟的集團，稍不留意就會讓這個「利己」的觀點走向利己主義的方向。只要自己得救就行了——此為釋迦涅槃百年後的小乘佛教的狀態，拘泥於戒律，只追求出家者的幸福，對於在家信眾坐視不管。

於是，在佛教的流派當中出現了反對的聲音，對戒律等相對寬容的人們形成多數派，組成了「大眾部」，並且與「上座部」徹底分裂。這股自由的空氣經過了部派佛教時代，從而興起了大乘運動，但其實這兩方面都是很必要的。

本章針對「何謂涅槃」進行了多方面的解說，但歸根結底，三法印——「諸行無常」、「諸法無我」和「涅槃寂靜」，皆是教導人們「斬斷世間執著」的教義。

「若是執著於以肉體為中心的煩惱，就無法獲得做為人的覺悟，也無法得到真正意義上的幸福。因此，各位不可執著於即將流逝的事物，這就是『諸行無常』。」

「各位不可執著於眼所可見、可觸碰的事物等等，這就是『諸法無我』。」

「各位不可認同被以肉體為中心的煩惱之火焰所包圍的世界，將這種火焰吹滅之時所產生的境界，才是真正的幸福之道，這就是『涅槃寂靜』。」

就像這樣，以上三點都是關於「斬斷執著」的教義，勸導人們「在有生之年進入實相世界」。因此，這就是佛教的根本、中心。談論至此，我想各位都應該對三法印頗為理解了吧！

（此外，在有餘依涅槃、無餘依涅槃和無住處涅槃之外，再加上本來自性清淨涅槃（即自性清淨涅槃），可合稱為四種涅槃。最後的自性清淨涅槃，就是內觀各自持有的鑽石般無暇心靈，並悟得這就是自己本來的姿態。）

# 第四章

# 空與拯救

# 1．空與緣起觀

本章將對「空」進行論述。

關於空的內容，在《覺悟的挑戰》（上卷）第五章《空與緣起》當中亦有講述過。然而，就重要性而言，那些解說還很不充分，而各位的理解亦尚不充分。因此，我想再次從不同的觀點繼續對「空」進行說明。

人們常說「空」是大乘佛教的中心思想，但「空」的思想絕非是大乘興起的西元前後才產生的。從釋迦在世之時開始，就有過相當於「空」的思想。

在此，我想對「空」的詞義及其重要性做進一步闡述。

對於「空為何物」的問題，有人回答道「空就是緣起」。此外，在一部佛教經典當中寫道「法即是緣起。見緣起即是見法。見法就等於見緣起」的話語。按照這個道理，可以說「法即是緣起，空即是緣起」，或者說「法即空，即緣起」。

當然，它們並非是百分之百的重疊，但如此思想的重要性，由此可見一斑。

也就是說，各位可以這樣來理解——「釋迦的法，歸根結底就是在講述緣起。若是問及緣起為何物，只要知道空的教義就能明白其涵義。」這裡面蘊含著佛教的中心概念之一。

當然，做為釋迦的教義，其中包含了前面所講過的「四諦」、「八正道」等各種各樣的教義，但「緣起」和「空」，可以說是比這些更接近本質、核心的部分。

那麼，「空即是緣起」是指什麼意思呢？

在此，必須要對緣起的思想再次進行整理。「緣起」一詞，也稱作「因緣生起」，依緣而發生，換言之，這是以原因、結果的連鎖反應為中心的思想。

由此可見，做為緣起的出發點，跟時間的流動有著相當的關係。比如說，十二緣起的思考方式就是如此——「有無明就有行，有行而有識，有識而有名色，有名色而有……」，就像這樣持續下去，這很明顯是在時間的流動當中解釋緣起，而十二緣起則是「緣起」的代表性思想。

若是暫且將這般的緣起觀稱作「時間緣起」的話，緣起還存在另一個側面，可稱之為「空間緣起」。（當然，時間緣起和空間緣起都不是佛教用語，而是我自己創造出來的詞語。）

## 2・何謂空間緣起

那麼，何謂空間緣起呢？從結論上進行闡述，那就是「所有的實相都是靈性事物」。

換言之，「世間的一切事物，雖然看上去是現實存在的，但實際上並非是實在的。本來僅有靈性存在才是實在的，除此之外的一切皆是夢幻的」——如此觀點就是空間緣起的思想。

為了讓人們更好理解如此靈性事物，接下來我會採取較為唯物論式的說明方式。對於「世間的物體、人和生物等各種事物，都沒有抱持實體」，我將使用各種方便用詞對如此想法進行解說。

比如說，有著這樣的思考方式：

所有的物體，分解之後都會變為分子、原子。如此一來，從這個層次來看時，可以說什麼都「沒有」了，既沒有黑板，亦沒有桌子、麥克風等。如果將所有的物體都分解到分子、原子的層次，那麼原來的桌子、黑板等固有物體都將會不復存在。人不也是如此嗎？若是用肉眼來看，就是身高一百幾十公分、體重幾十公斤的人。但如果用顯微鏡看到分子、原子的話，人這個實體也就不存在了。

此外，我們每天都在說「我怎麼怎麼了」，然而，獨立的我是真的存在嗎？或者我們常說「這個東西怎麼怎麼了」，那麼這個物體、個體是真的存在嗎？

如果這樣追究下去的話，那麼到底是什麼支撐著這個「我」呢？若是從它的要素進行思考，除了方才所講述的，在物理上可分解為分子、原子以外，比如說還有早、中、晚的三餐支撐著「我」。有了這些食物，才會有我的存在。

那麼，這些食物又是從何而來的呢？比如說，早餐是吃麵包的話，那個麵包是從何而來的呢？為了製作那個麵包的麵粉，是產自哪裡？經過調查，才發現那是澳洲、加拿大的小麥研磨而成的。

接下來，小麥又是誰種植的呢？那勢必是我們素未謀面的外國農民種的。在那裡有著土地，降雨，還經過了施肥，收割的過程。為了收割小麥，恐怕還使用了收割機。而且，還要有從事買賣小麥的商人，以及船運的人，此外，還要有人造船。經過這樣的程序，小麥才終於被運送到了日本。

進口到日本以後，還有業者進行加工，並製作麵包。麵包再經過一系列的流通部門，才到達了各個商店。客人們去商店買麵包，帶回家裡吃。吃的時候，也不光是吃麵包，還要塗抹果醬。此外，還要喝牛奶，而牛奶又是產自哪裡？牛是哪裡的牛呢？……

這般推想下來，即便是我們每天的日常生活，也是和整個世界相聯繫的。與世界上一百多個國家的人們的各種生活全部有著關聯，今天的「我」才得以存在。

由此可見，「我」的存在、自己的存在得以成立，並非是僅憑自己的主體意志，而是與這個地球上的萬事萬物的活動息息相關。

另外，還有著國家的運營。有了日本這個國家、社會和組織，那裡有人工作，得到工資，「我」才能得以存在。

總之，正是得到了生物、非生物，地球上所有事物的恩惠，「自己」才終於能得以度過每一天的生活。

## 3·空與三法印

如此看來，不僅是時間上的時間緣起，從空間緣起的角度來看，也可以發現某物存在於某個地方，是透過許多眼所不見的元素積累而成的。只是看上去似乎存在那裡，但這個物體本身並非是獨自存在的。

僅以人的肉身為例，也是透過麵包、米飯等食物的支撐而得以成立的。如果停止這些供給，肉體本身也將逐漸走向毀滅。而這些麵包、米飯等，也是許多人的努力和汗水的結晶，不僅僅是人的努力，還有著大自然的恩惠，才能產生糧食。當然，也是因為有了整個地球，以及來自太陽的熱能等等，自己才能得以生存。

由此也可以更容易理解「無我的教義」——「原來如此，沒有任何一件物體是本身固有的，沒有一件是本來就存在的物體！一切都是各種事物互相支撐，才能夠形成的。」

「人」字，是由兩根棒子相互支撐形成的形態，也有人說這是收割後的稻穀堆積而成的樣子。總之就是透過這般的相互支撐，人才能得以存在。若是相互支撐才得以成立的存在，那也就是「空」的存在。並非是做為它本身而存在，而是透過許多事物的力量，才使它看起來似乎現實存在——這就是「空」的思想。

這種情形下的「空」，與空間緣起的思想很接近。雖說是空間緣起，但正如方才所述，從播下穀物的種子、收割，再到製成麵包，也有著時間的過程，所以時間緣起當然也蘊含在這其中。

就像這樣，緣起論也持有時間緣起和空間緣起這兩大支柱。

換句話說，這個時間緣起就相當於對諸行無常的解說。一切事物都在變化，世間沒有任何一件恆常的事物，所謂諸行無常，就是指一切事物都處在變化、變遷當中。如果內心執著於這種無常的事物，最終只會徒增痛苦。若是明白了「一切事物都在變化，並且最終將消亡」，人就能夠從執著中脫離出來。就像這樣，時間緣起也是諸行無常的說明。

此外，空間緣起，可以說是很接近於諸法無我。

此外，還有涅槃寂靜的教義。難道脫離一切執著，獲得解脫，進入涅槃的狀態，就是完全的虛無嗎？將變得一無所有嗎？事實並非是如此。

脫離執著，達到解脫的境界以後，將會出現什麼呢？涅槃寂靜的境界，到底是怎樣的？是變得一無所有，或是虛無、全無嗎？非也。此時出現的境界，就是名為「覺悟」的幸福。

如此涅槃寂靜的境界，絕非是否定的、負面的、逃避的思想。在斷絕一切的執著，達到解脫的境界以後出現的，正是覺悟的本質，亦是人的本質。那是喜悅，是幸福，是人們長久追求的目標；這才是涅槃寂靜的境界。

本節以「空」為中心，結合三法印進行了說明，各位可將「空」理解為包含了這些內容的思想。

## 4・朝向空的大乘發展

人們常說「空」是大乘佛教的中心思想，但到底為何會這麼說，我想在本節做出解答。

其一是因為關於「空」的經典──《般若經典》，內容非常龐大。但將其概括成《般若心經》以後，僅有二百六十個字，經文非常簡短。因為便於讀誦，所以大乘佛教的各個宗派都在讀誦《般若心經》，這是從經典使用的觀點所做的說明。

其二是因為這個「空」的思想，絕非是僅追求個人覺悟的小乘思想，而是從大乘佛教的拯救觀點出發的極為重要的思想，這是從思想的觀點來看。

在這裡，我就要來解釋「空」的思想為何與大乘的觀點、拯救的觀點相關聯。

「空」一詞，聽起來似乎是「什麼都沒有」的思想。如此一來，人們就認為「人生是虛無的」、「世間是虛無的」、「總之，最終將離開世間、返回靈界」，甚至還以為「不，靈界也是不存在的」、「靈魂也是空，一切都將會消失」。歸根結底，一切都消滅即是「空」、一切的消滅就是人生的目標，從而變成徹底的虛無主義。然而，實際並非是如此。

我在前面也曾解釋過，「空」並不是一無所有的意思，「空」，不是「無」。

「無」是指「不存在」，但「空」並不等同於「無」。

「空」是「有的」，但這種的「有」，並不是我們能透過三次元的眼光看到的固定存在。它不是固定的，而是不斷變化的，這才是真相。而且，「變化」的思想不僅是指三次元的、世間的變化，還包含了世間和靈界的流轉、變化。

因此，雖然還有人持有「人死後，生命是否會持續」的疑問，但對此，佛教學認為釋迦採取了「無記」（不予回答）的態度。

總之，人的本質既不是肉體，也不是具有穩固的人形的靈魂一直存在。如果認為具有人形的靈魂，會一直做為實體存續下去，那也是錯誤的，因為人是會不斷變化的。

何謂「不斷變化」呢？首先，在人的肉體外側，有一個包覆著肉體，與物質界非常接近的幽體存在，並且，其內部存在著靈體、光子體……等等，分成了多層構造。就像這樣，人的靈性存在本身也不是一種，而是有著多重的組合。等到前往靈界以後，就將脫掉外側的部分，其形姿也會逐漸發生變化。

最後只將留下「心念」，或者說「心」，換言之，最終僅將留下進行思考的能量。那是一個具有人體型態的靈魂嗎？並非如此，剩下的僅是思考的能量。

所謂「空即是有」，實際就是指這層意思。

最終「空」所留下的，就是帶有目的性的能量。將人分解到這個程度時，就是

「有」。但從外觀上看，我們所看到的存在將會逐漸消失，因此，「既非有亦非無」就是這個意思。

此時，就可從中道的觀點，來探討存在論。

## 5．真空妙有與拯救

僅憑以上的論述，恐怕還無法理解為何「空」的思想會與拯救相關聯？因此，讓我繼續加以解說。

首先，若是從小乘的觀點去看待「空」的思想，就會發現它對於去除執著、脫離一切的執著是非常有效的事實。但如果只盼望自己的幸福，即僅僅追求自己的覺悟，那就真的將止步於小乘佛教的境界。

然而，若是在懂得「一切皆空」的思想，並將自我放空以後，出現的是虛無的狀態，也就不會有拯救，或大乘的思想了。然而最終並非是虛無，而是會出現某種存在、能量，或是生命力，這就是「空」於大乘當中發展的重點。

換言之，「空」並非是無；所謂「空」，最終是指看透了佛光、佛之能量。當各位看到了做為佛之能量的自己、做為佛之能量的萬事萬物時，「空」首先就是對世間的看法、想法的否定。但在否定了世間的存在背後，將會出現肯定，即將會出現強有力的生命能量、生命本身。

換而言之，這亦可說成「一切眾生悉有佛性」。（《涅槃經》）「一切眾生」，是指以人為代表的一切生物，有時也可理解為「萬象萬物」。萬象萬物皆具有佛性——這是佛所賦予的能量，或者說佛念。

因此，當拋卻了稱為「我」、「你」、「這隻貓、這條狗」等這般的世間意念，認為「一切皆空」時，做為佛之慈悲的萬事萬物的運轉、姿態，都將呈現出來。

這可以說是一種非常美妙、難以言喻的感覺，屆時，呈現出來的是一個超越了單純肯定現實，或單純否定現實的美好世界。在古語當中，這就稱之為「真空妙有」。若是真正達到了「空」，美妙的「有」就會出現。

若是達到「空」的境界就會一無所有嗎？並非是如此。真正地覺悟到了「空」時，美妙的實相就會出現，美妙的世界將從此展開。

古人透過「妙有」一詞來形容這種美妙的實相、美好的世界，這其實也是大乘佛教的重大出發點。

去除了個人的執著之後，佛的慈悲存在就將借助萬象萬物的姿態呈現出來。既然一切事物都是透過佛的慈悲而顯現之存在，那就會產生「我們必須拋棄只要自己存在就好的小框架，從而與他人互相關愛」的觀點，並願意與眾人共同努力，一起建設烏托邦、佛國土。

這種真空妙有的思想，實際正是以「空」做為關鍵字，是小乘向大乘發展的一個非常重大的觀點。

這其實也是「空」向拯救發展的思想之一。在脫離了個人的執著，並將實相視作為善以後，此時就會湧現出更為強大的能量。

## 6・佈施與三輪清淨

透過拯救的觀點進一步探究的話，還將出現另一個不可或缺的觀點——那就是施予，即「佈施」的思想。在此，我想結合「空」的思想，探討佈施是何時形成的，以及佛教所宣導的佈施的功德、佈施的重要性，是在何種情況下得到認可的等問題。

首先，佈施的確是指施予他人，但這不僅是施予物質而已。給狗骨頭那樣的行為，並非是佈施本來應該追求的形態。從佛教的觀點來看，佈施是為了提升人們的靈魂，是為了在世間建設佛國土，因此這勢必有著相應的條件。那不僅是物質、物體的移動，或是金錢的移動，其內部應該是蘊含精神的。那麼，這種精神到底是什麼呢？

自古以來，佈施當中就存在「三輪清淨」的說法；若是沒有這個三輪清淨，佈施就無法成立。

所謂三輪，就是進行佈施之人——「施者」（如此奉獻的主體亦可稱作「能施」）、接受佈施之人——「受者」（如此接受奉獻的客體亦可稱作「所施」）、佈施的東西——「施物」（這個「東西」不一定是物質，而是指應該給予的「東西」，包括佛法等）。如果「施予之人」、「接受之人」和「施予的東西」這三者不清淨的話，佈施就不成立。這三者都應是清淨的，必須是脫離污穢的。

那麼，何謂脫離污穢呢？那就是這三者都不得有任何不淨，或存在著執著。

有人在施予他人東西時，是懷著「啊！真不情願啊！」的心態而給予的。比如說，實際上是很不情願的，但又禁不住對方的勸說，於是心不甘情不願地捐了款；或者是心裡想著「這幫乞丐真該死」，但又礙於「大家都給錢了，自己也沒辦法」，就給了錢。就像這樣，有人是不情不願地施予，也有人是對金錢、物質抱有執著，迫不得已才捐款。但這些都是因為在意他人的眼光，出於虛榮、礙於面子所做的施捨。

在此情況下，施者，即佈施之人的心中還存有污穢，所以稱不上是有功德的佈施。

此外，如果接受佈施的人心存貪念，或有不淨之念，那也是不可取的。比如說，打著「募捐善款」、「為不幸的兒童募捐」的幌子，實際卻將募集得來的資金用做了其他事情，這種例子可謂是不勝枚舉。據說在發展中國家，常常有人把拯救災民的罐頭食品拿到市場上出售，募捐到的物資總是無法送到災民手中，而是被拿到市場上變成了商品；這種佈施就是不成立的。受施者懷有這般的念頭，是萬萬不可的。換言之，受施者的心念也是很重要的。

所以，施予者要懷著非常清淨、清爽、毫無執著的心態去給予，而受施者也要懷有感謝之心，以「要珍惜人家的佈施」的態度來接受。就像這樣，雙方都必須要脫離私欲。此外，施予的東西本身亦必須是清淨的。比如說，施予偷盜得來的、可疑的，或是不適合的東西，就是很不好的事。

在此，結合施物的觀點，我想講述一下佛教當中吃葷食的問題。

一般人都認為，佛教是禁止吃葷的，但這是一個很明顯的誤解。佛教本來是不否定葷食的，只是否定食用在佈施過程中存在問題的肉。這種有問題的肉叫做「見、聞、疑」的肉，這三種肉才是禁止食用的。

所謂「見」，不管是豬肉、牛肉或任何肉，總之是親眼看到動物被宰殺的話，僧侶就不可食用這個動物的肉，即不可食用當著自己面被宰殺的動物肉。

所謂「聞」，就是指聽聞。如果聽到人家說「為了佈施這位僧侶，現在正在宰兔子」，就不可食用這種肉。即聽聞這個動物是因為自己而被宰殺的話，就不可食用這些肉。（有時「聞」也解釋為聽到動物被宰殺的聲音，但這個意思和「見」沒有太大區別，這裡採取廣義的解釋。）

此外，所謂「疑」，就是指不可食用有那般嫌疑的肉。比如說，進行佈施的在家信眾說著「正好有這些肉，請食用吧！」，但端上來的是一整隻豬。此時就應懷疑：「這很奇怪，不可能剩下一整隻豬的。這肯定是他們為了供養僧侶，才特意宰殺的。」因此，不可食用這般有嫌疑的肉。

這是為什麼呢？因為動物也是有靈魂的，所以死時也是會感到痛苦。但如果動物是為了讓僧侶食用而痛苦的話，那就違背了僧侶出家的本意。

出家是為了勸導眾生成佛的，所以因為自己的存在妨礙成佛的話，就絕不是一件好事；因此「見、聞、疑」這三種肉是不可食用的。

而遠離這三種情況的肉就稱作「淨肉」。所謂「三種的淨肉」，就是指脫離這三種污穢的肉，就是可食用的肉。

僧人托缽化緣時，施主常會往碗裡放入各種的食物，其中既有特意準備的，也有現成殘留的。因為在家信眾是吃肉的，所以施予僧人的食物中有時也會摻有肉類。此時切不可把肉挑出來扔掉，不可對他人佈施的東西挑三揀四。因此，除了三種有嫌疑的肉以外，其他的肉都是可食用的。釋迦在世時，修行僧們也是吃肉的。

由此可見，常言佛教禁止葷食，只能吃素食，都是與事實不符的，這是從後代（大乘佛教興盛期之後）才開始的。

以上就是關於「施物的清淨」的說明。在接受佈施時，如果得到的食物中有不淨之肉，那是不可食用的，除此之外，一切事物都應持感恩之心接受。

若是發現施者的佈施不是出於本意，受者則可把托缽的碗倒扣過來，這樣就表示「不能接受」的意思。一旦施者佈施了，受者就必須接受並食用。不管是任何食物，都不可有怨言。總之，只有在發現不淨之肉時，才可以將碗倒扣過來，表示「不可以接受」，然後直接離開就可以了。

## 7・空與施愛

如此佈施的思想，在幸福科學的教義中就是指「施愛」（慈悲）。

正如方才所述的三輪清淨的思想，此時將出現一個觀點，即「牽涉到我欲、名譽心、虛榮心、物欲等的佈施，是不可取的」。

由此可見，在這裡「空」的思想仍然是很重要的。在佈施的思想當中，「空」亦是很重要的，即必須脫離對於一切事物的執著。

「我」是不存在的，且施物實際也是不存在的。一切都是佛的慈悲為了孕育萬事萬物，而促使其變化、變遷，或移動而已，所以切不可執著於這種事物。既不可執著於食物或金錢，亦不可讓接受施物的自己變成私欲的出發點、發祥地。必須透過「空」的心念來接受佈施、進行佈施，並透過「空」的心念來看待施物，這是非常重要的。（可稱之為「三輪空寂」，或「三輪體空」）

因此，如果我們自稱是「施愛」，而給予他人金錢、地位和名譽，是為了得到對方更多的援助，所以才抬舉、誇讚對方，並且是持有「施予與獲得」的心態，從而對他人採取施愛的行動，那從真理的角度來看，就是沒有價值的、不淨的。

總之，在施愛的輪迴世界——在施愛的循環過程中，千萬不可忘記「空」的思想。

歸根究底，從拯救的觀點所看到的「空」，就是稱為「一切眾生悉有佛性」、以及「真空妙有」等，經過否定以後出現肯定，從而成為積極的世間活動原理、行動原理之一。此外，要知道做為拯救修行的佈施當中，也存在「空」的思想。

而做為僧人的立場，一般都不是遂行施物，而是遂行施法，即「說法」。在這個觀點中，也有著相當於三輪清淨的原理。

並且要時常檢視以下觀點：「說法之人的心中是否有著不純的東西？前來聞法之人，是否有人持有不純的心念？此外，法話本身是否存在著雜物，或是不淨之物？是否有著彰顯自我的欲望？是否講述了錯誤的教義，或有著自圓其說的部分？」

總之，將施愛的教義付諸行動的階段上，會產生佈施的思想，所以各位必須時常檢視這個三輪清淨的觀點——施者、受者，施物這三點。因此，我認為各位必須更為慎重地應用「空」的教義。

# 第五章

# 無我中道

# 1・「無我」的思想與後世的唯物化

本章將承接《覺悟的挑戰》（上卷）第四章《何謂無我》，繼續講述有關於「無我」的內容；因為這個主題包含了關乎佛教根本的問題。

從前在印度，有三十多名年輕人帶著各自的妻子出去野餐，他們在森林中飲酒、唱歌，盡情嬉戲。其中有一名青年因為年輕尚未娶妻，就帶了一名妓女前去參加野餐。

然而，趁著所有人玩得盡興之際，那個妓女偷了其他人的錢包，以及各種貴重的物品逃走了。那群年輕人都怒不可遏，紛紛跑去追捕那名妓女。正追到森林當中，他們遇到了一位正在禪定的沙門。所謂沙門，就是並非是天生的僧侶階級婆羅門，而是從剎帝利武士階級等出家的自由修行者。

那些年輕人向這位沙門詢問道：「請問尊師是否看到一名女子？」於是，那位沙門解開禪定，睜開眼睛緩緩回過頭，反問道：「年輕人啊！你們為何要尋找那名女子呢？」他們回答：「那個妓女偷走了我們朋友的財物，我們為了幫朋友找到那名女子，所以才在這個林子裡徘徊。」

於是，沙門說道：「你們認為找尋女子和找尋自己，哪個重要呢？」

那些年輕人一時無言以對，片刻過後才答道：「我們認為，還是尋找自己更為重要。」「既然如此，那就請坐下來吧！各位年輕人，讓我來為你們講一下佛法。」於是這名沙門諄諄善誘地開始講述佛法真理。

那些年輕人完全忘記了野餐遊玩的心情，紛紛剃度出家，變成了這位沙門的弟子；過去曾發生過如此故事。

這位沙門，其實就是喬達摩・悉達多，即釋迦。當時釋迦直接發問那些年輕人「尋找婦女和尋找『自己』，到底哪個更勝一籌？哪個更重要呢？」即釋迦透過自己的話語，講述了尋求「自己」的重要性。實際上，在律藏（《四分律》三二卷、《五分律》一五卷）等戒律為中心所編成的佛典當中，也記載了這些話語。

然而，在一般的無我思想當中，卻有著截然相反的想法，其主張「因為釋迦曾講述過無我，所以就必須否定自己並消滅自己」。

但若是仔細思考一下，就會發現宗教是追求覺悟的修行，而自己的存在終究是應該不斷追尋的課題，因此認為「沒有了自己，就是追求的目標」的想法，肯定是有問題的。如此的話，修行論就站不住腳了。

那麼，那種想法到底錯在何處呢？

歸根結底，釋迦在世時的思想經過了後世的二、三百年之後，在小乘佛教的時代（小乘佛教，即所謂的部派佛教），劃分了許多研究釋迦教義的不同集團。其中有一個叫做「說一切有部」（注一）的學派，將釋迦的無我思想統一解釋為「做為實體的靈魂存在的『我』，是不存在的。人的存在，就是五蘊的結合體」。

「五蘊」，即是指「色、受、想、行、識」。

「色」——肉體。

「受」——感受作用（亦可稱之為神經作用）。

「想」——建立形象的表象作用。

「行」——行為能力，即意志。

「識」——識別、認識能力。

這五蘊就構成了人的存在，人就是在這般的心與肉體的五種作用下形成的。若是離開這種作用，人就不存在了。

但如果將這種思想剖析到底，會得出什麼結論呢？想必最終會發現這其實與解剖一隻青蛙，並透過電流刺激其神經系統，以便研究肌肉收縮的想法相差無幾。

這種思想的基礎仍然是唯物論，僅是試圖分析某種的知覺作用、精神作用等的嘗試，從而放棄了對其內部進行分析。

正是這個「說一切有部」的學派，將無我的思想理解為「做為靈性存在的我，是不存在的」，並認為人是做為「五蘊的暫時結合」的存在，自此開始，在佛教思想的歷史上，關於無我的探討就變得困難和複雜起來了。

## 2・釋迦思想的本意

當初，釋迦的確是講述了「無我」的思想；這是做為佛教的重要標誌之一，也是不爭的事實。

在此之前，婆羅門的僧侶階級的思想中，存在「梵我一如」的傳統概念。「梵」是音譯的**Brahma**、「我」就稱為**atman**，這種思想認為「宿於人體中的**atman**，即靈體的核心（當時，人們設想靈魂是一個拇指大的存在），以及靈天上界當中稱為**Brahma**的神靈存在、高級靈等，看似是相互獨立的，實則為一體的」。（即認為個體和宇宙的理法是一體的）「人死後返回靈界時，將與atman融合為一體。換言之，這就好比是川流的水滴匯入大海以後，會與大海合為一體一樣，每個人的靈魂回到實在界以後，也將與偉大的靈魂合為一體。」而且，這個Brahma才是轉生輪迴的主體（有我）。

針對這個「有我說」，當時出現了一種新思想持續批判「婆羅門教安於現狀，僧侶們安逸於修行，真是極端腐敗」；這即是佛教所提出的。因為是以這般的批判為前提產生的思想，所以有人會誤以為「佛教與主張梵我一如的婆羅門有我說是截然相反的」。

然而，釋迦當初提出的無我思想，並非是說物理的自己不存在，而是在講述「總是想著『自己』，以及本身產生的欲望，導致了自身的痛苦，若是不消除這種欲望，幸福就不會到來。欲望的根源就在於自我意識，消除產生這種欲望的自我意識，世人就會得到幸福。因此，必須要努力消除這個欲望的根源，即自我意識。」——這才是釋迦講述的教義。

這原本是做為內心的應有姿態、調控方法的無我思想，而並不是說「我」實際是不存在的，或是完全不可能存在的。並且，這還教導了人們為了斷絕從自我產生的痛苦，必須要透過精神統一、精神修行，從而放空自我，這樣才能夠消除痛苦。換言之，這並非是「做為存在的無我」，而是「做為機能的無我」。

然而，若是理解太淺顯的話，就很容易導致「我到底是存在還是不存在」的誤解。對於這一點，想必各位也非常瞭解。事實上，至今仍有許多人有著這樣的誤解。但歸根結底，問題就在於是否相信靈魂以及靈界的存在。

因此，隨著佛教也流於一門學問，並逐漸成為世間知識的積累時，人們就無法真正理解這個無我思想。現今在宗教學者中，還有許多的無神論者、唯物論者，他們以宗教為職業，卻始終無法抱持信仰，這就是其人生觀在根本上存在問題。如果不能超越這個侷限，人們的理解就只能停留在桌面上、紙上談兵的境界。

就像這樣，「說一切有部」學派建立了無我思想，自此做為實體論、物理的靈魂存在之無我思想一直流傳到大乘佛教的初期，甚至還有一部分內容留存至今。時至現代，諸如「佛教講述了無我，所以是否定靈魂，且不講述來世之事」等的說辭依舊是不絕於耳。

然而，如果正確地閱讀佛教經典，就會發現若是沒有靈界、靈魂的話，所有的內容都將是不成立的。若是沒有靈界，成佛該從何談起？若是沒有靈界，又如何會有阿彌陀佛？若是沒有靈界，為何會有來世的幸與不幸？又如何會有墜入地獄的話語？此外，若是沒有靈魂的輪迴轉生，釋迦又怎麼會反覆地提到「過去世也存在佛陀」以及「過去七佛」的話語（注二）呢？

此外，釋迦對於在家信眾進行說法之際，採取了由淺入深，逐漸提高難度的「次第說法」；最初是講述了「三論」，即「施論」、「戒論」和「生天論」。這個教義講述了「如果經常佈施並嚴格遵守戒律的話，來世就可轉生於天國」。釋迦一直是自戒於不可說「妄語」，所以絕不可能為了「方便」而說謊。

若是結合這一點來看，就會發現靈界、靈魂的存在，以及輪迴轉生，當然都屬於教義當中的一部分。

不過，對於只能從比喻性，或者是故事性、文學性的角度進行理解的人來說，就無法真正持有信仰，而只將停留在分析的思想層面。

這種想法也不是不能理解；在近現代的西洋哲學當中，分析的態度也是處於主流，一直在探討靈界是否存在、靈魂是否存在，但最終也沒有一個準確的結論；這可以說是人宿於肉體本身所伴隨的一種無明。

歸根結底，釋迦的思想就是教導人們「斷絕苦惱的根源，斬斷從肉身自我中產生的欲望」。然而，主張斬斷執著的無我思想，最後卻被篡改成了否定實體自我的思想；請各位務必知道佛教當中亦曾有過這般的錯誤思潮。

## 3．佛教在印度絕滅的原因

那麼，最後導致了什麼結果呢？在小乘佛教的階段，因為出現了「物理上的我是不存在的」這種論調，所以就產生了「到底該如何看待轉生輪迴」的問題，這是理所當然的。轉生輪迴本身並不是釋迦的中心思想，即不是釋迦最初原創的思想。但當時在印度，如此思想已經被人們廣為接受了，而佛教也順應這股潮流，並未予以否定，而是接受了這種思想。

而到了後世就有人提出疑問：「如果沒有自我，那為何會有轉生輪迴呢？」但是轉生輪迴是眾人皆信的理論，所以佛教徒們也無法回答這個問題。

佛教以外的其他印度宗教，比如婆羅門教，以及婆羅門教深入民間後產生的土著信仰——印度教等，都對此提出了批判——「這樣的話，豈不是無法轉生輪迴了嗎？」、「若是死後將一無所有的話，那就無法轉生輪迴了，這種思想勢必是錯誤的啊！」等等。

遭受了這般的批評以後，佛教徒們也感覺到為難，因而不得不進行理論上的武裝。於是就想到了：「因為已經講述過無我，所以又說有靈魂的話，不太好解釋。因此，必須得找出某個替代的提法。」

為此，唯識學派沒有使用「靈魂」的提法，而是講出了「識」的概念。「心中存在很多個認識的階段；眼、耳、鼻、舌、身、意等六識的內部有末那識，而末那識的裡面還有阿賴耶識，因此總共有八識」。而且，這個阿賴耶識實際是靈魂的主體，是阿賴耶識在經歷輪迴。總之，佛教徒們經過一番苦思之後，提出了這樣一套學說，即不明確說出靈魂，而是將輪迴的主體說成是阿賴耶識的存在、潛在意識。至此，佛教終於找到了轉生輪迴的主體。

然而，釋迦原本並未否定靈魂的轉生輪迴，所以他們本不需要這樣大費周章。但因為在小乘佛教的階段，做為一門學問而建立的阿毘達磨（即釋迦思想的文獻教學）興盛起來，所以才會變成了那樣的哲學理論，讓佛教徒們煞費苦心。

那時還出現了唯識思想等許多概念，他們很努力地想要建立一套合適的理論。但最終在這個無我的思想上，走向了錯誤的方向；這也是佛教在印度消失的重大原因之一。

佛教在印度實際消亡的原因有幾點，其一是從十二世紀到十三世紀，伊斯蘭教徒開始了一連串破壞佛教寺院、屠殺僧侶的行為（注三）。以出家者為中心的佛教，由於僧侶遭到屠殺而面臨後繼無人的問題，事實上是陷入了崩潰的狀態。因此，伊斯蘭教徒的暴行是佛教消亡的原因之一。

其二是因為佛教並未像印度教那樣，滲透到了民眾的婚喪喜慶等生活當中。

總之，佛教是相當思想性、學問性的，所以其缺點就在於若是經典被焚燒、僧侶被屠殺的話，就無法再繼續傳揚，也就是說，當時佛教並未充分紮根於印度。

就像現代的日本有佛教式的葬禮，以及神道教式的婚禮一樣，當時的印度教也有專門舉行如此儀式的部門。但那時候印度的佛教卻沒有進行這些活動，而是一個以教學為中心的專業出家者集團，因此，伊斯蘭教的入侵造成了佛教的滅絕。然而，印度教卻並未因為伊斯蘭教的入侵而消失，這就是因為它與生活密切相關。既不能否定生活本身，亦不能屠殺那裡的居民，因此印度教才沒有消亡。然而，佛教卻因為和日常生活聯繫得不夠緊密而消失了。

除了以上這兩個原因之外，還有一個根本性的原因，那即是印度佛教在無我思想上產生了錯誤的思潮。因為印度佛教幾乎變成了一種唯物論的思想，所以與印度的人們所信奉的根本性宗教信條，即轉生輪迴的思想產生了矛盾。

當時，轉生輪迴是眾人皆信的理論，而轉生輪迴就必須有靈魂。我認為正是因為佛教在途中曲解了教義，變得無法明確講述靈魂，這種的理論弱勢導致了它最終走向滅亡。

因此，如果在教學的方面不進行透徹思考的話，就會對後世產生極大的負面影響。因為有人不相信靈界，所以為了使這種人也能夠理解，佛教就透過哲學的、知性的、世間的唯物論進行解說。這種本是圖方便的傳道方法，結果變成了一種潮流而失去了其根本，最終導致了教義、宗教本身的自殺；這就是從印度佛教的消亡所得到的教訓。

然而，從印度流傳到中國、日本的佛教，對於靈魂是肯定的，與婚喪喜慶等生活各個方面都息息相關，因此能夠一直留存到現在。

自佛教進入中國以後，就與中國原有的道教以及儒家的思想相結合，如今保留下來的稱不上是純粹的佛教。如此透過與中國古典思想的類比，來理解佛教理論的方法可稱為「格義」，基於格義的佛教就稱作「格義佛教」。這就好比說是透過老莊的「無」的思想，來理解《般若經》中的「空」的思想。

後來，佛教從中國傳入日本以後，採納了神道的思想，做為與生活密切相關型的宗教（比如說，重視供養祖先等）留存了下來。即透過這種方式，經過多種變化，佛教才能得以保存下來。

我們生活在現在，並不確定未來會變成怎樣。然而，從過去習得經驗是非常重要的，至少應該以歷史為鑒，並堅定地確立自己的思想。

## 4．對於佛教學的重大修正

透過上一節的敘述，我想各位已經明白了為何我會對無我的問題如此重視。

總而言之，如果不將無我的思想定位於調和己心的問題，而是視作物理上的實體論的話，就等於是讓宗教走向自殺。因此，這一點上不能有絲毫的差錯。

並且，如此言辭本身就是對佛教學的重大修正。

事實上，當時釋迦持有明確的思想——「必須要磨練並提升自己本身」；即「己身是需要探究的。只有去探究己身，才能開拓成為菩薩、如來的道路，朝向佛的目標，並逐階而上，此即為人的修行」；如此思想也證明修行的主體是存在的。

此外，佛教講述了自負責任的原則，主張因果的理法——「有因必有果」。但若是沒有靈魂這個主體的話，自負責任的原則也就不成立、不存在了；因此，切不可忘記這個部分。

總之，我們應該這樣來理解無我思想——如果深入探究「人在世間的不幸是什麼」，就會發現痛苦的根源是基於肉體的欲望，這就是痛苦的根源。因此，必須要重新審視從肉體產生的自我意識。

那麼，從肉體產生的自我意識，到底是什麼呢？比如說，稱為「貪、瞋、癡」的「心之三毒」就是如此。

貪欲，就是指欲望本身；欲望是來自於世間的思考方式，大多是產生於肉體。比如說，有眼欲、口欲、鼻欲、耳欲、手足欲，以及內臟之欲……從各種各樣的欲望中，都會產生苦惱，苦惱就是來自於身體的欲望。

其次還有「瞋」——也就是憤怒。動物們也會齜牙咧嘴，以示憤怒，但若是人輕易地生氣、動輒發怒，就是此人有著動物性性格。動物們為了保護自己不受傷害，所以常常會張牙舞爪，或是毛髮豎立等，但若是人也是如此的話，那就和動物一樣了。

再來是「癡」，即愚癡。有很多人不瞭解真正的真理，進而做出愚蠢的行為，從而自釀苦果。比如說，若是有智慧的人，就知道踩到水窪（惡）當中，鞋子就會弄壞（靈魂會受傷）；但沒有智慧的人，必須要踩到水窪以後才會知道後果；這樣的例子不勝枚舉。再比如，宗教學者當中也有人迫害正確的宗教，而擁護邪教。即便是有學歷的人，也不乏愚昧無知者。

這一切都是基於世間的生存產生的迷惑、痛苦。

此外，還有「慢」和「疑」。

所謂慢，就是指沒有自覺到無限的佛神存在，僅透過在世間與他人的比較而產生的世間性的尊卑感。比如說，總感覺「自己是最優秀的」，或是即便看到比自己優秀許多的人，亦認為「和我沒什麼區別啊！」，對於遠比自己更接近於佛神的人，仍然還覺得「和自己是一樣的人」等等，這些都是「慢」的表現。

距今兩千多年前，以色列的人們也並未將耶穌視作救世主，而是把他當成一個木匠的兒子。直至他離世，人們一直是以世間的眼光看待他。然而，兩千年後的今天，人們都拼命對著十字架上的耶穌像頂禮膜拜；這些也是一種「慢」。

緊接著，還有「疑」——懷疑。疑的中心，就在於對三寶（佛、法、僧）的懷疑態度。人們的錯誤之處，就在於一切的價值觀都是世間性的、以肉體為中心的價值觀，所以就無法相信眼所不見的世界。

另外，還有「惡見」。所謂惡見，就是指錯誤的看法、想法。當然，雖然錯誤的觀念可謂是堆積如山，但也不可將全部都歸為惡見。以下列舉幾個惡見的代表事例。

其一是「身見」；這是以肉體為中心的想法，即認為「肉體就是自己」。

其二是「邊見」；這也是一種極端的觀念，即認為「死後一切就結束了」，或是「死後亦與生前毫無二致」；這些都是很極端的想法。

其三，還有「邪見」；這主要是指錯誤的宗教信條，抱持著錯誤的信仰，或遂行錯誤的宗教活動等。在釋迦的時代，這個邪見主要是指不相信因果理法的人。

所謂「因果理法」，即是「行惡事，就有惡果；行善事，必有善果。累積功德，來世即可回到天國；做惡事，來世就將下地獄」；此為因果理法的根本思想。但有很多人無法如此思考，有人認為「死後一切結束」，抱持著唯物論的信仰；也有人認為「世間沒有因果理法。人只要隨心所欲、自由自在地生活就好」。諸如享樂主義者、命運決定論者等，在基本的宗教信條上出錯之人的想法，就稱為邪見。

此外，有人懷疑「修行又能怎麼樣呢」？也有人主張「修行是沒用的、努力也是徒勞的，這些都對人毫無裨益」，還有人認為：「烏托邦思想根本就是謊言，是虛假的、騙人的思想。佛國土的思想又怎樣，這與我何干？還不如去想想今天吃什麼喝什麼比較好。」這般與理想完全相反的看法，全部都稱為惡見。

「貪、瞋、癡、慢、疑、惡見」，也可稱為「六大煩惱」，這是世人煩惱的代表。煩惱，就是「不好的精神作用」，或「使人不幸的迷惑」的總稱。

究其根源，這六大煩惱幾乎皆是源於將「肉體我」當成了自己，以為人生僅限於世間的肉體人生觀。

因此，若是不斷絕這種想法，幸福就不會到來。並且，「否定煩惱的根源，即肉體的自我感覺」，就是無我的思想。

## 5．何謂「無我中道」

一方面，要否定基於肉體觀的自我思想，另一方面，還要不斷地追求、磨練「真我」——靈性的自己，以及努力與佛合為一體的自己，並朝向佛的方向不斷邁進。就像這樣，「我」是需要磨練、進步的；「我」也可稱之為「自己」。

如果說應該否定「自我」的話，那麼應該追求、提升的就是「自己」。這個自己，在印度的梵文中和「我」一樣，皆被稱為「atman」。

因此，對此切不可錯誤理解。若是進行平面地思考，或許會認為「我、自己的存在，非有即無」，二者必須選其一。然而，在真理的世界當中，應該否定自我的同時，又必須磨練、提升真正的自我。

這個看似矛盾的事情，若是透過立體的思考就能夠整合了。

「這不是單純的非有即無的問題，那是一個既需要否定，亦需要肯定和提升的存在。」——此即為釋迦想要表達的中心思想。

無我的思想，就是既否定以肉身為中心的「我」，亦肯定和提升真實的自己。它包括否定和肯定的兩個方面，又不偏於其中一方，是促進人們進步、成長的觀點。我想各位也能明白，發展的思想就是源於此。

換言之，純粹的有我論，或無我論，都是一種極端的思想；只有脫離極端的中道，才是釋迦講述的無我思想的本意，這一點是至關重要的。此外，從這個中道的觀點來解釋無我思想，可稱之為「無我中道論」。

不管怎麼磨練、擴大肉體的自我意識，也無法獲得自己真正的幸福、真正的成長。因此，必須否定這種自我意識。反之，不斷地磨練並提升做為靈性存在的自己、做為佛的一部分的自己，才能得到真正的幸福；這是必須要獲得提升的。

因此，無我的思想，絕不是偏倚的思想，而是在實際瞭解真正的自己以後，為了提升自己，並實現「始於中道的發展」而存在的極為重要的思想。

所謂「無我」，簡而言之，就是「變得透明」。也就是說，「如果說人就像是一塊雜質眾多、灰濛濛的玻璃，就必須仔細擦拭，使其變得透明。要無限地接近透明，必須努力發展透明的自己」。

因此，「變得透明」，並不是說變得不存在。雖然灰塵被清除了，但是玻璃還是存在的。

換言之，無我的思想並不是勸人自殺——「讓各位全部被碾碎成粉末，從此消失不見」，而是希望「各位變得像水晶一樣清澈透明」。

此外，主張「讓這個水晶無限地結晶變大，不斷形成更美好的傑作」的，就是「無我中道」，以及「始於中道的發展」的思想。

（注一）「說一切有部」……即為小乘佛教當中最有力的學派。說一切有部主張，構成世間的要素存在共有七十種法。（Dharma（法）代表事物的本質、特性，但此處是指構成要素的意思。）這些法在過去、未來、現在的三世當中始終保持著自己的同一性（三世實有說），用以解釋森羅萬象的無常。因其主張一切是存在的，所以就被稱作「說一切有部」。但諷刺的是他們承認「法我」，卻否認了「人我」。（即統一的人格；大乘佛教積極主張「空」的思想，其理由就在於為了攻擊說一切有部承認世間的法的存在。）另外，所謂Dharma，就好比說是眼根、耳根、味境、觸境、想、信、無明、貪、慢、得等等的要素。

（注二）「過去七佛」……即是指釋迦牟尼佛和此前轉生的六位佛。按照最早的時間順序來說，他們分別是毗婆尸佛、尸棄佛、毗舍浮佛、拘留孫佛、拘那含牟尼佛、迦葉佛。當時，釋尊就是用這些印度語的名稱來稱呼拉穆（La Mu）、托斯（Thoth）、利安托阿爾克萊德（Rient Arl Croud）、奧菲爾利斯（Ophealis）、海爾梅斯（Hermes）等自己的過去世。然而，至今卻演變成了單純的多佛信仰，即認為過去也存在佛陀，而釋迦當時是做為菩薩累積修行，這與事實是大相徑庭。

（注三）超戒寺（Vikramasila）是在一二〇三年被伊斯蘭教的軍隊燒毀了。

# 第六章

# 佛性與成佛

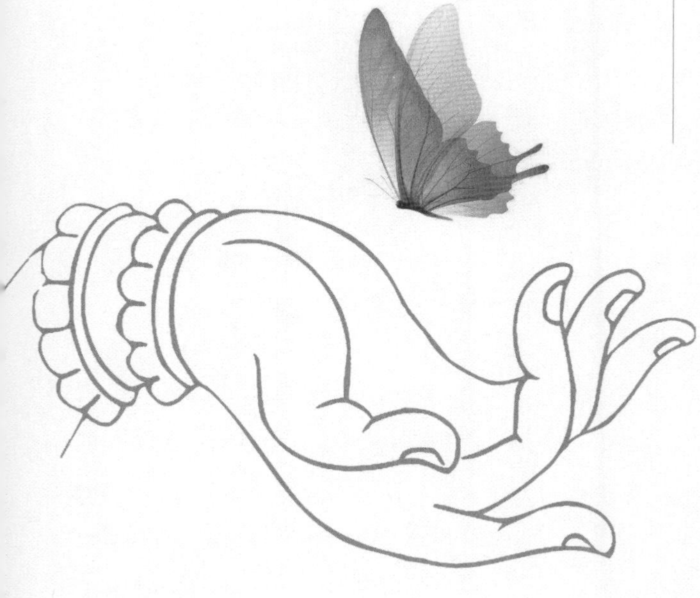

# 1．佛性與如來藏

本章選擇了「佛性與成佛」做為題目。這個題目內容很廣，難以一言道盡。但這個題目又非常重要，而且包含著幸福科學不可忽視的重大問題。

「佛性」一詞，按照字面理解，就是佛的屬性。我曾解釋過「每個人皆抱持著做為佛子的性質」，也曾講解過「每個人皆是鑽石」、「以人為首的各種動植物的靈魂，皆是在很久以前由佛光進行分光所形成的」。總之，我一貫都主張「擁有生命的物質，其生命的中心就宿有佛光的能量」。因此，對於佛性這個詞，幸福科學的各位會員都已是耳熟能詳了。

還有一個相當於「佛性」的同義詞，叫做「如來藏」。這個「藏」，不是單純地指「倉庫、儲藏」的意思，這在原印度語（梵文）中叫做「tathagata-garbha」——「tathagata」是指如來，「garbha」是指胎兒，兩者合一就是「如來的胎兒」的意思。

「當然，並非每個人都是真正的如來、佛，但就像是處於母體中的胎兒一樣，等將來長大成人，就有可能有成為真正的如來、佛；每個人有著這樣的潛力。」——「如來藏」就是指這個意思。

如此想法曾經也很流行，聽到自己是「如來的種子」，每個人都很高興，所以當時這個詞頗受歡迎。

然而，當「tathagata-garbha」一詞傳入中國以後，被音譯為如來藏，意思就被人們篡改了。原本是指「如來的胎兒」，結果在中國被理解為「原本的如來被覆蓋住，所以看不到了」。總之就是被藏在隱蔽處的感覺，「如來藏」就好比是帶有穀殼的大米。

就像這樣，如來藏的意思，從「胎兒」變成了「被覆蓋、隱蔽，被包裹的存在」；但原意的確是指「如來的胎兒」，這與佛性幾乎是同義詞。

這個如來藏的思想，到底是出自何處呢？

正如第四章所述，《涅槃經》當中出現了「一切眾生悉有佛性」的話語。「一切眾生」就是指「所有的生物」，但指人的情況居多。也就是說，「所有的人皆宿有佛性」這句話，就是如來藏思想的起源。

在現存的典故當中，這句話最早是見於《涅槃經》。一切的眾生，即所有的人皆宿有佛性的思想正是出自此處。

## 2・一闡提的問題（斷善根）

如此如來藏的思想的確是很好，但這裡還出了一個問題。那就是在現實中，總會有人任憑怎麼修行都無法開悟。該如何解決這個現實問題，就成了一個重大的爭議，且幾百年來一直是爭論不休的課題。因為在現實中，的確有人是怎麼看也沒有佛性。

首先，難道連那些迫害正確宗教的人都具有佛性嗎？這樣的人是否也能稱為「如來的胎兒」呢？就像這樣阻礙真理的人，或是即便沒有阻礙真理，但從素質來看，不論怎麼努力也很難開悟的人，不管聆聽多少法話，也只會左耳進右耳出的人，還有那些完全沒有宗教心的人，古往今來都是存在的；過去的佛教徒也曾為此大為苦惱。

因此，主張「一切眾生皆宿有佛性」是非常了不起的事。但反過來，這樣的思想可能會演變為「即便是迫害我們、批判我們的教義，並固執地認為『釋迦與罪大惡極之人不存在任何區別』，這樣的人也都和我們一樣」的觀點；此處就產生了很大的矛盾。

為此苦惱過後，最終出現了「雖然一切的眾生皆持有佛性，有著成佛的可能性。但也有人是『斷善根』，即切斷了善的根源；或者是『信不具足』，即完全沒有抱持信仰；還有人是猶如浮萍一般漂浮著，即完全與佛無緣」的思想。佛教徒們想要透過這樣的思想來解決矛盾，如此思想就稱為「一闡提」。（即梵文當中icchantika的音譯，表示不管如何修行都絕不可能開悟的人。）

「一闡提的問題」這個詞很難理解，然而卻經常被提及。如果常年進行宗教活動，就會發現有些人確實是難於教化的；這也是事實。因此，儘管《涅槃經》當中提出了「一切眾生悉有佛性」這個革命性的宣言，但後來還是有人提出了「但也存在例外，一闡提就應另當別論」。

這個一闡提，其實就是指「批判大乘佛教者另當別論」的意思。也就是說，「如果連指出你們本身也持有佛性這般的正確教義，你們都要加以批判的話，那你們肯定是與覺悟無緣的」，如此提出了反對的聲音。

不過，從我本身的觀點來說，不管任何人都抱持著做為佛子的性質，無論是何種人，看到小孩子都會笑嘻嘻的，見到喜歡的人就會很開心。因此，我認為誰都擁有愛和慈悲等佛的性質。

然而，就好比若是繭太過堅實的話，裡面的蠶就無法出來一樣，原本持有佛性的人（蠶）吐出的煩惱（絲）形成了繭，這個繭太過堅實的話，裡面的人就無法出來了——這樣的狀態就稱之為一闡提。就像這樣，人本身在世間創造了煩惱的陰霾。

在另一層意義上，也有人是因為惡靈附身；如果身上依附了四、五個惡靈的話，當然就無法進行正常的判斷了。比如說無法思考佛神之事，或感到「批判佛教是理所當然的」。在這種狀況下，就不再是此人，而是惡靈所說的話語了。

就像這樣，也有人是透過轉生後的思想、信條、教育和職業訓練等，或因為心念的錯誤被惡靈附身，從而無緣獲得正確的信仰。但即便是這種人，我認為此人也同樣抱持著佛子的本性。不過從現象上來看，確實有人表現得不具有佛性；對於如此的事實，我們也不得不承認。

歸根結底，這與「沒有人是從地獄轉生而來的」的觀點是一樣的。然而許多宗教都認為「從天國和從地獄轉生的人，各占一半」，但若是如此的話，怎麼也免不了會透過善惡的眼光看待他人。因此，從拯救的觀點來講，這就存在問題了。

任何一個嬰兒或幼兒，都長著一張可愛的臉，即便是將來成了兇犯、黑社會成員的人，在嬰幼兒時期也看不到兇惡的傾向。就算是面相不好，但兇暴的性格也不會在兩、三歲時就開始發揮作用，而一定是後來逐漸顯現的；我認為這樣進行思考才比較合理。

因此，各位或許會想指責那些人「斷善根」——徹底切斷了善根，但同時，也必須持有善意的眼光看待那些人——「他們的心中也有著佛性」。

## 3・一切眾生悉有佛性與一切眾生悉皆成佛——本覺與始覺

正如方才講述的，「悉有佛性說」是一個非常尊貴的教義。但這個思想，也曾在歷史上產生了一股非常錯誤的潮流。

那就是關於「一切眾生悉有佛性」與「一切眾生悉皆成佛」的問題。

具有佛性，就表示有成佛的可能性，即具有如來的素質。那麼，這就意味著一切眾生、所有的人「悉皆成佛」，實際都能夠成佛嗎？

有人單純地認為「既然有佛性就能夠成佛」，也有人認為「雖然有佛性，但是不一定能夠成佛」；這裡就出現了一個非常重大的問題。

換而言之，這個問題亦可稱作「本覺與始覺的爭論」。所謂「本覺」，也稱作「本覺思想」，其認為「人本來就持有佛性，也就是說從做為人轉生之時開始就是完全開悟的存在」，或者說「人在出生之前就已經開悟了」。本覺的思想，在天台宗系統當中亦稱為天台本覺思想；比叡山就是這般的思想，認為人原本就是開悟的存在。

與此相對的，是「始覺」的思想。始覺思想認為：「人並非是生來就是開悟者，而是在聆聽教義、努力修行以後才終於開悟的。經過修行，方才能成佛。」

當本覺和始覺展開爭論時，始覺思想很容易流於弱勢；我想各位也很明白這一點。如果透過膚淺的民主主義進行表決的話，讓贊同「各位生來就是開悟的存在，各位都能成為如來」的人請舉手，一定會有很多人舉手；但若讓贊同「各位要進行修行，僅有修行成功者方能開悟」的人請舉手，恐怕僅有稀稀疏疏的幾個人會舉手；難以覺悟的人是肯定不會舉手的。就像這樣，因為本覺思想更為有利，所以在爭論中占了上風。這既迎合了大眾，又討大家歡心，根據多數決的原理，本覺思想自然就變成了主流。

然而，回顧釋迦修行成道的歷程，不可否認這個本覺思想中還存在很難解釋的問題；這個問題可能會成為佛教中的重大課題。

## 4．最澄與德一的爭論（三一權實爭論）

做為正式的論戰，後來出現了最澄與德一之間的爭論；這場論戰被稱為「三一權實爭論」，有時也被稱為「三權一實爭論」。總之，這是一場關於「三乘的思想是真實的，還是一乘的思想是真實的」爭論。

所謂三乘思想，就是指「世間有著聲聞、緣覺和菩薩等三種不同性質的人，各自的修行方式皆不同」，這是傳統的小乘佛教持續沿用的教學思想。釋迦在世期間也曾這樣講過，所以這算是傳統的思想。

與此相對，一乘思想是以《法華經》為代表，主張「佛說『人分為很多種，各自透過修行獲得覺悟』，而關於聲聞、緣覺和菩薩的分類，只是一種方便之說。事實上，所有人皆可成為佛。所謂佛乘，僅有一佛乘而已」。

這個「佛乘」，有時也等同於「菩薩乘」。換言之，在大乘佛教中，「成為菩薩」就視為相當於「成佛」。於是，「成為菩薩」就逐漸變成了大乘佛教的共同目標；沒有任何人是以聲聞或緣覺為目標，所有人都希望成為菩薩，這與成佛的運動是一樣的。如果將菩薩乘和佛乘區分開來的話，就不是三乘，而是四乘了。（「四乘」就是指聲聞乘、緣覺乘、菩薩乘和佛乘，即為了獲得覺悟的四種乘物）但一般來說，菩薩乘就等同於佛乘。

因此，「究竟是三乘正確，還是一乘正確」的問題，成為佛教史上一個很大的分歧；的確，在《法華經》（「方便品」）當中有如下的記載。

「舍利弗啊！我已經講述了許多教義，但至今的內容，全部是為了方便大家理解。我真正想說的，是大家都能成佛。」聽完釋迦的話，大家都喜悅地說道：「原以為自己只能獲得聲聞的覺悟，沒想到竟然能成佛，真是太高興了！太好了！」

此外，在《法華經》（「授記品」「五百弟子受記品」）當中，還講述了釋迦給予許多人「你能成為如來，你也能成為如來」的授記。（即釋迦對弟子保證「你將來能夠成佛」）

由此可見，在釋迦離世數百年以後所成立的法華經教團，是為了擴大教團的勢力，才將一乘思想當做是開展活動的武器。如果告知人們「你能成為如來，你也能夠做到」，人們都會感到欣喜，所以信徒也會不斷增加。但後世的人們不瞭解這一段歷史過程，看到冠名為經文的教義，就以為是釋迦的「金口直說」。因此，自此就將一乘思想視為真正的教義，而認為三乘思想只是方便之辭，是錯誤的。

一乘思想進一步發展，就變成了本覺思想。若是再發展到極限的話，就不僅認為「一切眾生悉有佛性」，光是有佛性還不夠，甚至還認為「一切眾生悉皆成佛」——「所有人皆可成佛，所有人皆為佛」。

如此一來，不修行的人、修行的人、剛開始修行的人、已經修行很久的人，再往前推，不管是釋迦或耶穌，所有人都變成一樣了，從理論上分析，就會產生這樣的結果。

在政治的世界當中，正在發生這種事情。形式上的民主主義是「一人一票」，任何人都持有一票，不管是老闆或員工，好學之人或者偷懶之人，如來界或地獄界的人，每個人都是一票。因此，如果結合政治思想來看待本覺思想的話，就會發現宗教思想要遠遠領先於現代的政治民主主義思想。宗教思想的產生要領先一、二千年，但這兩種思想的本質是一樣的，即主張「所有人一律平等」的平等思想。

就在這樣的背景下，最澄和德一展開了論戰。最澄是提倡天台本覺思想而後來發展的「一乘主義」、「悉有佛性論」。為此，南都六宗的奈良佛教的代表，博學多聞的德一挑起了論戰。他指出：「你的研究是錯誤的，釋迦教義的本意絕非如此，那般思想是不對的。」並透過各種形式展開了爭論。

但遺憾的是，除了《真言宗未決文》一卷以外，如今沒有留下德一的任何論著。因此，對於德一的觀點，現在只能透過最澄的駁論，看到其中所引用的部分。如此議論雖然有欠公平性，但從最澄的論著中對德一的反駁來看，可發現德一的攻擊性相當強，且直擊了最澄的理論缺陷。因此，最澄也陷入了相當程度的危機之中。為了使自己的教團脫離危機，他也奮力地進行了反駁。

比如說，針對最澄的《依憑天台集》（藉此標榜一乘主義）、《通六九證破比量文》（藉此批判法相宗的宗祖，即慈恩大師的《唯識樞要》中的「定性二乘與無性有情說」），德一則透過《佛性抄》（藉此批判天台宗的宗祖智顗的著作）加以批判。針對最澄的《照權實鏡》，德一又寫了《中邊義鏡》、《慧日羽足》和《遮異見章》；對此，最澄就寫了《決權實論》、《法華秀句》等等。總之，這場論戰的中心就是探討兩個問題——到底是「一乘真實、三乘方便」、還是「三乘真實、一乘方便」這個關乎教理上的真偽問題，以及到底是「一切皆成」，還是後述的「五姓各別」如此人類觀的差異問題。

這場論戰一直持續了許多年，直至最澄死後才畫上了休止符；最澄可以說是在論戰當中疲勞致死的。在其晚年，原被他定為天台宗繼承人的愛徒泰範投奔了空海，他門下的二十四名學生，最終留在比叡山的只剩下十人，有六人被法相宗奪走，剩餘的七人離開山門，還有一人死亡。就在這樣悲慘與疲憊交織的狀況下，最澄離開了人世。

然而，就在最澄死後的第七天，國家終於頒佈敕令，承認了大乘戒壇的設立；於第二年，開始了新制度下的授戒。換言之，在比叡山也可以進行授戒（授予戒）和受戒（接受戒）的儀式了。在當時，不前往奈良受戒就無法成為僧侶（小乘戒），而比叡山一直是與奈良佛教進行鬥爭。但這一點對他們極為不利，因此最澄為了讓弟子們能夠在比叡山受戒，一直在努力創建大乘戒壇。然而，如果達成這一點，奈良佛教就失去了支配權，所以奈良佛教始終是堅決反對；最澄就是在這般的失意當中死去的。

但歷史是諷刺的，後來比叡山的天台宗變為綜合大學留存了下來，所以迄今仍然流傳著最澄在論戰中占了上風的說法。而到了後世，德一的奈良佛教系統卻因為沒有優秀的弟子傳承，實際走向了失敗。

反之，最澄的後世弟子們為了彌補教義上的不足，還曾留學中國，大量引進了嶄新而充實的佛教理論，所以日益繁盛起來，並且在勢頭上占了上風。最澄在世時的爭論，絕對稱不上是勝利，但他後來的弟子當中出現了圓仁（七九四年～八六四年）和圓珍（八一四年～八九一年）這樣的名僧，他們去了中國留學，並帶來了嶄新的中國佛教思想，將比叡山的天台宗翻然一新，成就了最澄思想的興隆。而且，因為比叡山至今一直存留了下來，所以就成為了正統派，而日本的佛教思想也自此以一乘思想為主流，將三乘思想視為異端邪說。

鎌倉佛教等也在其影響下，將一乘思想視為根本，認為「一乘思想是正確的，而三乘思想是落後的古老思想」。就像這樣，在現實的歷史潮流當中，德一的思想消失了，而最澄的思想卻留存了下來，變成了現在的形式。

## 5・理佛性與行佛性

然而，從理論上來看，德一的思想才是正確的。我也經常講述「在靈界有著四次元、五次元、六次元、七次元、八次元、九次元等階層，每個階層的居民都將分別轉世到世間來。因此，出生以前的靈格就存在著差異，有些人在前世曾進行過修行，所以在世間的修行方式也有著差異。」

死後返回靈界之際，本來應回到本來的地方，而靈界的層次各有不同，原本從四次元世界轉生的人，不可能突然回到八次元的如來界。正如《釋迦的本心》當中所說的，從低次元上升到高次元世界，需要經過相當長的修行。就算是從阿羅漢變成菩薩，也必須經過相當多次的轉生輪迴，成功修行之後，方才能實現；事實就是如此。

此外，現實當中，有五成以上的人將墮入地獄，這也是事實。持有佛性，並不代表立即成佛，從現實理論來看亦是如此。

就此，德一曾批判最澄說：「你對佛性的理解是錯誤的；佛性當中存在『理佛性』和『行佛性』，這是兩種不同的佛性。」

「所謂理佛性，就是指理念、理論，或道理上的佛性。也就是說，『所有人皆具有佛子的素質』，這個觀點從道理上是說得通的，如此理念也值得認可。這在《涅槃經》、《法華經》當中也有記載，對此我不想否認。然而，除了理佛性之外，還存在行佛性。即便有著做為『種子』的佛性，但也必須透過『行』，即修行進行磨練，方可成佛。」這就是德一的觀點。

當然，在佛陀的思想當中並不存在理佛性、行佛性，但這個道理是說得通的。

「雖然理論上有著佛性（或者說本質上的真如），但必須透過『行』讓佛性發出光芒以後，方才能成佛」，這確實是如此。因此，將理佛性定義為真理性的佛性，而行佛性定義為實踐性的佛性，也未嘗不可。

總之，德一所講的理佛性、行佛性，用我們的語言來說，就是「因、緣、果」中的「緣」。有「因」，也不一定會立即結出「果」。只有加上「緣」，即條件，方才會產生「果」，即結果，而這個條件就是指修行。

就算是原本宿有佛性，但若是完全放任不管的話，也不可能成為如來。如果這樣就能成為如來的話，就不會有釋迦的修行和成道過程了。因此，即便是原本具有佛性，也必須透過修行加以提升，才終於有可能成佛。

德一就是將這個「因、緣、果」稱為理佛性、行佛性。

如今從幸福科學的理論來看，他所講的理論也依然是正確的，他的批判確實是有道理的。

## 6．五姓各別的思想

然而，最澄怎麼也不明白這一點；因為他將做為存在論的佛性論與做為機能論的佛性論連接在一起了，或者說是混為一談了。若是分析當時的爭論內容，就會發現最澄一貫堅持「一乘主義、悉有佛性論」，與此相對，德一所屬的法相宗（唯識系統的學派）則是主張「五姓（性）各別」的思想。也就是說，站在理佛性的立場上承認「悉有佛性」，同時從「行佛性」的立場上主張「五姓各別」。

那麼，這到底是怎樣的思想呢？

第一是「菩薩定性」；這是指持有菩薩性質的存在，也就是說「有人是從七次元轉生而來的」。（也有一說，菩薩是指進行六波羅蜜多修行的人）

第二是「聲聞定性」；這是指六次元世界，「在六次元有著預定成為佛弟子的靈魂」。（也有一說，聲聞是以反觀四諦〈即苦諦、集諦、滅諦、道諦的四個真理〉為主要修行的人。）當然，聲聞的目標是成為阿羅漢，因此以六次元轉生者為主力。有時也將持有菩薩靈格的聲聞（即聆聽佛的教義，並學習佛法的人）稱作「大聲聞」，以示區別。

第三是「緣覺定性」；這是指「也有些靈魂是比起像聲聞那樣認真學習，更想選擇獨自悟道，單獨進行修行。」（也有一說，這是指以十二因緣為中心進行學習的人。）

將以上內容重新解讀的話，那就是世間既有就像行基菩薩（六六八年～七四九年）那樣，以普度濟世、幫助他人為中心的人（菩薩）；也有在大型寺院當中與眾人一起聆聽師父的教義，同時進行修行的正統派僧侶（聲聞）；還有像良寬和尚（一七五八年～一八三一年）那樣，在山寺中享受「風流」的人（緣覺，或者說獨覺、即獨自悟道的人）等等，靈魂存在各種不同的傾向性。

第四是「不定性」；這是指還沒有定性的人，就好比是在選舉當中的「游離票」，即「也有靈魂是直到一生結束之前，不知道將來會怎樣，還沒有定性」。

第五點「無性」；這是一種比較嚴重的情況，也就是被認為沒有佛性，即方才講述的一闡提。不管怎麼看，這種人都不可能理解佛教、宗教和靈界等問題，這種人就稱之為無性。（即沒有具備實踐性的佛性）如此說法會出現理論性問題，故請各位依照方才所述的一闡提的理論來理解。

這種的「五姓各別」，就是法相宗的思想。由此可見，它基本上是正確的，因為原本的靈層是不同的，所以即便是透過修行來悟道，還是存在著一定的覺悟極限的。自己原本出身的靈界就有著進步的極限，所以若想回到比從前更高的靈界層級，就必須付出相當的努力，否則相當困難。另外，也存在靈格很低的人，比如說有人終於從地獄當中爬上天國，剛歇一口氣就立即轉生了。這種人如果放任不管的話，還是會過上迷惑的生活，很快又墜入地獄；這種人的存在也是事實。

這就是關於是否承認如此人的差異的論戰。

## 7・道元的疑問

與此相對，以《法華經》為中心的「一乘思想」，就非常接近於前述的中國對於如來藏的解讀——「人只是蒙上了一層皮，只要將其揭掉，如來就會立刻出現。」（日本的神道也有著類似之處）

如果相信「所有人只是披著一層外衣，只要揭掉這層外衣，如來自會出現」，即便在現代也有可能出現爭議。「如此區分不同的人，是多麼愚蠢的事！像這種為了議論而議論、為了詮釋而詮釋，教導人們差別的思想是不對的」。這兩種思想勢必會存在對立。

在這樣的對立中，在歷史上最終還是比叡山佔據優勢，取得了勝利；那主要是因為後來比叡山出現了許多優秀的弟子。

此外，鐮倉佛教，即當時的新佛教的鼻祖們，也有很多人在比叡山學習過。法然、親鸞、日蓮、道元和榮西等人，都曾有緣在比叡山學習，所以他們從根本上抱持著一乘思想。但在比叡山修行以後，大家皆抱有疑問。他們感到「有些理論很奇怪」，因而紛紛創立了當時的新宗教；因為無法接納比叡山的思想，所以他們只好自己自己建立新的教派。

當時的鐮倉時代，戰亂不斷、饑荒不絕、餓殍遍地、血雨腥風，在這種狀況下，人們自然會產生疑問：「看看世間，還能相信每個人皆宿有佛性，這樣就能夠成佛嗎？」或認為「這是不對的。照此下去，人們必定會下地獄的。佛教的使命不就是拯救這些要下地獄的人嗎？」因此，很多人就逐漸整理自己的思考，興起了新宗教。

道元就是其中的代表人物，他也對當時的思想持有疑問。在比叡山學習了本覺思想以後，他總覺得那是不合理的。

比叡山的僧侶提倡「本覺」思想，「人原本就是覺悟之身，從出生之前就開始覺悟、出生之時已經開悟了，所以能夠成佛又有什麼好懷疑的呢？」（這亦可稱為「本來本法性、天然自性身」的理論）。

對此，道元這樣詢問道：「若是這樣的話，那麼釋迦透過修行獲得覺悟到底是怎麼回事呢？此外，修行論又是怎麼回事？僧侶以往就是四處修行，他們的修行論究竟到哪裡去了？如果僅是原本開悟的人直接成佛，那豈不就不需要修行了嗎？如果說『悉皆成佛』，一切眾生皆將成佛是早已註定的話，不就完全不需要修行了嗎？這個道理說不通啊！」然而，比叡山的僧侶沒有任何一個人能夠對此作出回答。

對於這個疑問，有人建議他：「就去留學深造吧！」於是他去了宋朝的中國留學。在那裡他找到了答案──「只有透過修行，才能夠獲得覺悟」，並建立了曹洞宗進行佛教修行。

此外，淨土宗也是如此。雖然其根本上持有一乘思想，但他們認為「人可能是會下地獄的」，並探究了「該如何做才能逃離地獄」。而且，不同於道元的坐禪修行，淨土宗得出了「透過信仰心，才能獲得拯救。如果沒有因、緣、果當中的緣，就無法成佛」的結論。關於緣的部分，他們認為：「比如說，透過念佛（稱名念佛），或是透過信仰心、信仰阿彌陀佛，佛就會前來拯救。如果什麼都不做的話，是無法獲得拯救的。」總之，淨土宗就是透過信仰心來填補緣的部分。尤其是法然，一直致力於將天台宗的絕對性一元論改造為相對的二元論，坦率地面對人性的黑暗面。

然而，日蓮還有著其他不同的想法。他們一方面激烈地攻擊法然的「唱誦『南無阿彌陀佛』就可得救」是邪教，另一方面卻模仿「法敵」的做法，提出了「唱誦『南無妙法蓮華經』就可得救」的教義。

就像這樣，雖然有緣在比叡山學習，但又對其持有疑問，從而建立的新宗派就是鎌倉佛教。其中既有著宗教改革的潮流，同時最澄一開始的錯誤思想亦在流傳。在那時，已經沒有任何人相信三乘思想了，人們都信奉一乘思想，這就是當時的狀況。

## 8．平等與公平的問題

本節我想要進一步探討關於「佛性與成佛」的論點。歸根結底，這正是《太陽之法》（台灣華滋出版）當中所述的平等與公平的問題；這就是本節的論點。

如果追究人的平等性，就會產生「任何人皆有佛性、如來藏」的思想，這種思想具有一定的道理和說服性也是事實。

然而，若是每個人都有可能性的話，就會有人提出疑問「難道所有人都一樣嗎？如果所有人都一樣的話，那就不需要修行了。既沒有必要在世間努力精進，亦很難說明過去、現在和未來的轉生輪迴過程。此外，三世的因果又作何解釋呢？」

為了回答這個問題，就必須持有平等和公平這兩方面的觀點。在抱持著平等的可能性的同時，還要在「因、緣、果」的不斷循環中，根據努力和修行的結果從而獲得公平的待遇。

假如殺人犯和救人者都是住在天國的話，那天國就無異於地獄了。如果殺人如麻的人和菩薩一起生活的話，天國就不再是天國，而是變成地獄了。因此，每個人的歸宿勢必會有不同。

在佛教的思想史上，也曾有過無法理解平等和公平問題的現象。對此，我們有必要來看一下。

首先，從結論上必須明確一點，認為「有佛性」即為「能成佛」（佛性＝成佛）的觀點是一個誤解。

雖說人皆有佛性，但如今五成以上的人都墮入了地獄，所以拯救這些人就是宗教的使命。如果說「因為有佛性，所以大家皆能成佛」的話，那也就是否定、放棄了宗教的使命。但這樣的想法太過輕率，是存在錯誤的；而新興宗教當中，常能見到這樣的謬誤。

比如說，這個如來藏思想當中有著《如來藏經》等如來藏類的經典。在佛教當中，這是一種光明思想；「生長之家」的谷口雅春氏也應該學習過這類經典。

此外，在寶積部的經典《迦葉品》的第七十節當中，釋迦曾對其弟子迦葉尊者講過這樣一番話：「迦葉啊！讓我舉個例子來說吧！如果點上燈火，所有的黑暗都將消失不見，但這些黑暗既非來自某個地方，亦非去了什麼地方。它既不會去往東南西北等方向，也不是來自哪一個方向。並且，迦葉啊！這個燈火並沒有想『我要把黑暗趕走』，但即便如此，當燈火點上時，透過光亮，黑暗就會消失。」讀到這裡，各位就會明確地知道「現代的光明思想也是起源於大乘佛教」，而這個「如來藏思想」的理論當然就歸結為光明思想。

不過，在現實當中，並不是完全跟剝掉稻穀的外殼後，米粒就會呈現一樣，若是走錯一步，就有可能導致「佛性即成佛」的簡化思想。

換言之，各位可以將「一躍跳入如來地」，當做激勵自己的話語來聆聽。但是，諸如「只要今天做祈願，每個人都能成為如來」的話語，就絕對是錯誤的。再比如「只要手持佛典，大家就可成為如來」的話語，也與事實不符。如果有緣學習佛典，且努力修行的話，是有可能成為如來。但如果認為只要手持佛典、口頌佛名就能夠成為如來的話，那絕對是個謬誤。從實態理論上來看，這肯定是不對的，這樣的理論存在著很大的缺陷。

比如說，從生長之家分出的某個宗派，他們宣揚：「所有人都能得到拯救，所有人都能前往天國。如果發生了不好的事情，它們也全部都會消失；一切都將走向消失。」就像這樣，他們否定努力的作用，主張「不需任何努力，一切都只將會變好」。但這個教祖最終肯定會墮入地獄的。

我想最澄之所以下了地獄，恐怕也是因為同樣的原因。雖說「一切眾生悉有佛性」，但是最澄卻牽強附會地得出了「悉皆成佛」的結論。至少繼最澄之後的天台本覺思想是肯定現世，從而走向了腐敗和墮落的方向，這是歷史的事實。為此，往後的一千數百年間，日本的佛教歷史當中無疑一直流動著這樣的毒水。

自此開始出現了缺乏修行論的傾向，即便在現代的新宗教當中，也不乏只追求利益的宗教，流傳著「成佛是輕而易舉之事」的思想，這種錯誤思潮的源頭就在於「悉皆成佛」的觀點。因此，與方才提到的新宗教的教祖完全一樣，最澄也要為自己的思想承擔責任，所以才會墮入地獄。雖然他本身不是日本的天台本覺思想的完成者，但無疑也是膚淺地解說《大乘起信論》、《法華經》和《華嚴經》，從而為本覺思想打下基礎之人。

總而言之，「因為每個人有著佛性，所以即便是不努力，也都能很快成為如來」的思想是錯誤的。雖然每個人都有成佛的可能性，但透過如何使用這種可能性、機會，所產生的結果就是不平等的。

如果追求「結果平等」的話，會導致怎樣的結局呢？政治上的共產主義就是如此，其結果就是誰都不願意工作了。如果說不管做什麼，每個人皆是獲得相同待遇的話，努力也是枉然，也喪失了自由性。一旦結果沒有差別的話，人們就會缺乏幹勁，並一味追求分配福利。如此一來，社會整體就會退步。

因為宗教的歷史上曾發生過這樣的現象，所以在政治上追求共產主義的話，到了某個時代也勢必會出現相同的狀況。

因此，我認為民主主義是非常接近於這種「一切眾生悉有佛性」、「一切眾生悉皆成佛」以及如來藏思想的。從這個意義上來說，雖然政治的終極理想已經出現了，但是達到終極的理想、理論的極致之後，接下來就會開始走向墮落，同樣有可能會墮入愚民政治之中。換言之，如果追求結果平等的話，結局也將會是這樣。

如果說「每個人皆能成如來」，那就是在否定宗教的使命，亦不需要修行論了。因此，日本的天台宗應該謙虛地反省自己的罪責，冠以此名的祖師天台智顗原本是主張始覺思想的，但後代弟子卻違背了教祖的教義，開始推行天台本覺思想，從而使日本的佛教走向了墮落。

# 9．勇氣與愛、希望的原理

當理論進展到一半時還不會有問題，但若將理論推行到極致以後，就會產生相反的作用。各位或許會感到不可思議，世間、人生，以及佛的理想就是這樣的相容問題。就好比是進步和調和這兩個不同的向量，也能夠相互相容一樣。

因此，「所有人皆有著佛性、如來藏」的思想，就變成了「勇氣的原理」。即對於那些感覺「自己已經無可救藥了」的人，要教導「才沒有這種事！你也是可以開悟的，所有人都能夠獲得覺悟啊！」這般激勵修行的「勇氣的原理」。

此外，對於那些自恃已經開悟，並且看不起他人，認為「你們都沒有佛性，只有我有著佛性，只有我能夠成佛、成為菩薩」的人，就要教導「你的想法是錯誤的，你必須謙虛地抱持著愛人之心，他人亦是具有佛性的！」這般尊敬、尊重他人的「愛的原理」。

正因為存在這種思想，才能夠建設世間烏托邦，也正因為相信「所有人皆有著佛性，世人皆為佛子」，才有可能將世間建設成佛國土。為了實現這個理想，世人才有努力的動機；這就是「希望的原理」。

然而，這些都是「本該如此」的宗教原理、宗教真理。如果將這些原理視作實態論上的真理，就有可能會產生大問題。因此，請各位務必要知道這個難點。

這就是「佛性與成佛」的課題。世事不是那麼單純的，如果只想追求單純化、以及理論的整合性，結果不一定會理想，甚至還可能出現反效果。「所有人皆為壞人，皆是來自地獄」的黑暗思想，固然是不對的。然而，「所有人皆能成佛」的思想，用來鼓勵人們還行得通，但如果將其理解為是實態論的話，就很容易導致嚴重的錯誤。

總之，本章的結論就是必須瞭解以上這些內容，並從歷史的錯誤中汲取教訓。

# 後記

佛教從印度傳入中國，爾後傳入了日本。在這兩千數百年間，無數的佛弟子們參與了經藏、律藏、論藏這三藏理論的構建和傳佈。現代所流傳的「佛教」，不僅是指釋迦「金口直說」的法話，亦是對於這兩千數百年來開展的活動總稱。其中，既有正確的教義，也有錯誤的教義；既有發展，也有墮落。

讓我親手寫下這篇文章，用以指出現代佛教的錯誤，實為一件無限悲傷的工作，然而，這又是必須遂行的工作。為了使僵化的佛教在現代復甦，並再次賦予生命，這是一個不可或缺的過程。

在《覺悟的挑戰》（上、下卷）中未曾言及的重要課題，今後我將予以整理並出版。我承諾在那之前定將與各位讀者共勉，努力精進。

幸福科學集團創始人兼總裁　大川隆法

國家圖書館出版品預行編目（CIP）資料

覺悟的挑戰 / 大川隆法著. -- 初版. -- 臺北市 : 信實文化行銷, 2013.06
面； 公分. -- (What's being ; 27)
譯自 : 悟りの挑
ISBN：978-986-6620-90-4（平裝）
1. 新興宗教 2. 靈修
226.8 102010736

What' s Being 027
覺悟的挑戰

作　　者　大川隆法
總 編 輯　許汝紘
副總編輯　楊文玄
美術編輯　楊詠棠
行銷經理　吳京霖
發　　行　楊伯江
出　　版　信實文化行銷有限公司
地　　址　台北市大安區忠孝東路四段 341 號 11 樓之三
電　　話　（02）2740-3939
傳　　真　（02）2777-1413
www.wretch.cc/ blog/ cultuspeak
http://www. cultuspeak.com.tw
E-Mail　cultuspeak@cultuspeak.com.tw
劃撥帳號　50040687 信實文化行銷有限公司

印　　刷　彩之坊科技股份有限公司
地　　址　新北市中和區中山路二段 323 號
電　　話　（02）2243-3233

總 經 銷　聯合發行股份有限公司
地　　址　新北市新店區寶橋路 235 巷 6 弄 6 號 2 樓
電　　話　（02）2917-8022



若想進一步了解本書作者大川隆法其他著作、法話等，請與「幸福科學」聯絡。
社團法人中華幸福科學協會　地址：台北市松山區敦化北路155巷89號
電話：02-2719-9377　電郵：taiwan@happy-science.org　網址：www.happyscience-tw.org


2013 年 6 月 初版
定價　新台幣 300 元